Alexandre Lebreton

IIII I IIIIIIIIII IIII III IIII
I0126870

MASSONERIA & SCHIZOFRENIA

Comprendere i misteri del potere

ℴMNIA VERITAS®

Alexandre Lebreton

Alexandre Lebreton è un attivista francese nel campo della "lotta alla pedocriminalità", ovvero la lotta contro la pedofilia in rete. Lebreton è un autodidatta che si occupa più specificamente di "pedosatanismo", gruppi settari che praticano abusi rituali traumatici e controllo mentale basato sul trauma.

MASSONERIA E SCHIZOFRENIA
Comprendere i misteri del potere

FRANC-MAÇONNERIE & SCHIZOPHRÉNIE
Comprendre les arcanes du pouvoir

Tradotto e pubblicato da
Omnia Veritas Limited

⊘MNIA VERITAS®
www.omnia-veritas.com

© Omnia Veritas Ltd - Alexandre Lebreton - 2025

"*Il XVIII secolo non fu solo il secolo dell'Illuminismo, ma anche il secolo delle società segrete, e la maggior parte dei contributi alla ricerca sui Misteri venne dai massoni. Essi vedevano nei Misteri egizi un modello di come un'élite illuminata, protetta dalla segretezza, potesse servire e trasmettere una verità inconcepibile o pericolosa per la gente comune.*"

Jan Assmann - Auditorium del Louvre (07/05/2009)

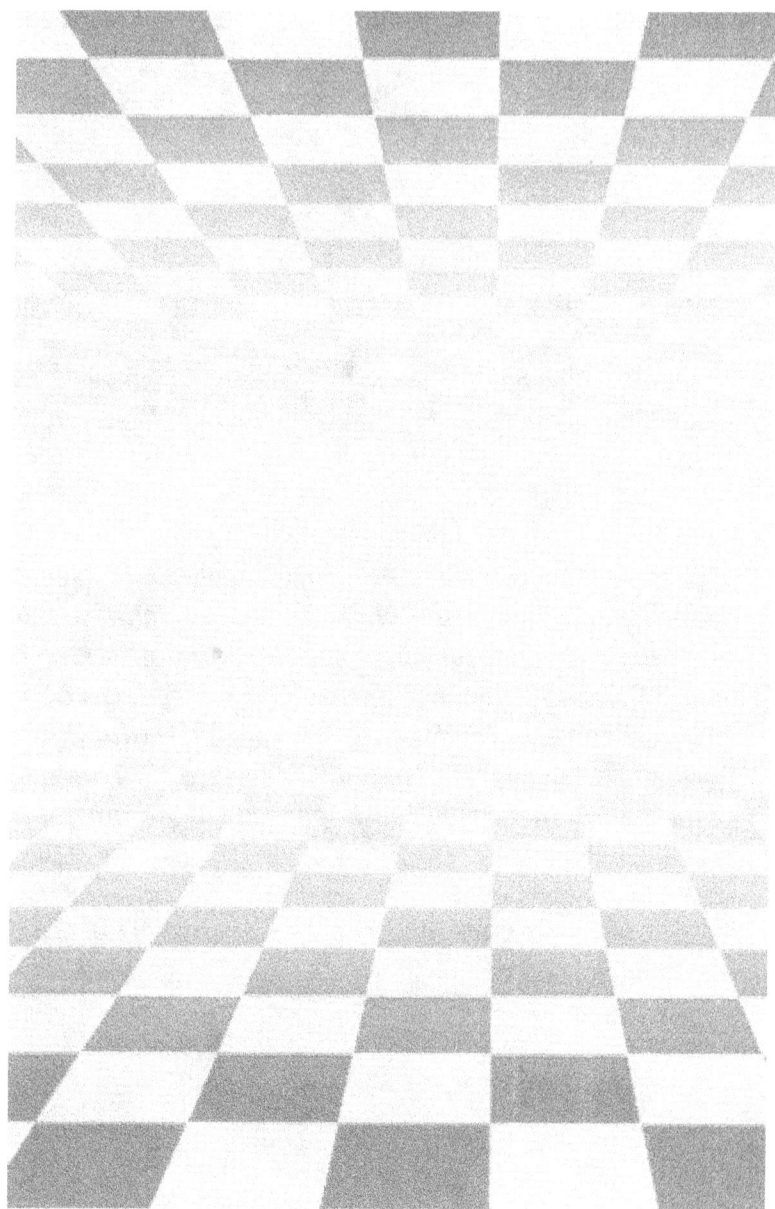

Introduzione e liberatoria

Questo documento contiene gravi accuse riguardanti i massoni, che rimangono presunzioni basate su testimonianze che non sono state oggetto di indagini giudiziarie. Non si tratta di accusare la Massoneria nel suo complesso di perpetrare rituali sadici e violenti; è probabile che alcuni massoni operino senza il consenso della maggioranza dei membri delle logge. **Il culto della segretezza su cui si basa la Massoneria pone un problema, persino un pericolo per se stessa, in quanto è impossibile certificare che questo tipo di pratiche rituali "pedo-sataniche" non esistano in alcune Logge arretrate.** La rigida compartimentazione di questa gerarchia piramidale fa sì che gli iniziati progrediscano "alla cieca" attraverso questa vasta setta e le sue varie propaggini. Alcune delle testimonianze contenute in questo documento sono particolarmente difficili e possono offendere i più sensibili. Non si tratta di malsano voyeurismo, ma di smascherare atti criminali che, non essendo stati portati alla luce della giustizia, si perpetuano sempre nell'ombra.

Si consiglia ai lettori di non avere idee preconcette sulle critiche negative alla Massoneria. In effetti, la disapprovazione della Massoneria è generalmente considerata *anti-massonica*, affine all'*estrema destra* o addirittura al nazismo... Tuttavia, qualsiasi individuo in buona fede e non affiliato alla loggia (sia esso politicizzato o totalmente apolitico) che studi seriamente la questione massonica, al di là degli asettici dossier di castagne della stampa mainstream, arriva inevitabilmente a mettere in dubbio la legittimità di questi gruppi occulti. In particolare, la loro forte presenza all'interno di istituzioni pubbliche come la magistratura e le forze dell'ordine può creare una forma di *conflitto di interessi*, quando un giudice o un poliziotto che ha prestato giuramento massonico lo antepone al giuramento dignitoso e leale della sua professione... A vantaggio dei suoi *fratelli* di loggia e a scapito del profano.

Guarderemo all'aspetto "duale" della Massoneria, una fraternità invisibile che si intreccia con la loggia *umanistica* visibile che le fa da vetrina: le due cose sono interdipendenti. Ma anche alle lontane origini di questa società segreta, che risalgono alle religioni misteriche e alle pratiche pagane. Lo studio delle sue radici nell'antico paganesimo ci condurrà sulla strada del cosiddetto "pedo-satanismo", che sembra essere considerato da alcuni gruppi occulti come una forma di iniziazione per i giovanissimi. Passeremo poi in rassegna una serie di testimonianze relative a ciò che può essere assimilato all'*abuso rituale massonico* che porta a stati dissociativi o a *personalità doppie*: la chiave del controllo mentale basato sul trauma. Infine, vedremo come la Massoneria sia essa stessa molto interessata alla "schizofrenia"...

Per uno studio e una comprensione più approfonditi di questi oscuri misteri, si rimanda al libro di 700 pagine *MK Ultra - Abuso rituale e controllo mentale - Strumenti di dominazione della religione senza nome.*

La dualità nella Massoneria

La parola schizofrenia deriva dal greco *schizein* (dividere) e *phrên* (mente), e si traduce letteralmente come "*mente divisa*", frammentazione della mente, dualità. Diversi elementi collegano la Massoneria alla schizofrenia e alla nozione di dualità, a partire dal simbolo forte delle logge: la pavimentazione a mosaico a tessere bianche e nere, su cui gli iniziati prestano giuramento: lo scontro degli opposti, il molteplice e l'Uno, il bene e il male compenetrati e inseparabili...

La Massoneria è duplice, ha due nature in una. I massoni stessi dicono che tutto ciò che fanno in loggia ha un doppio significato. I rituali hanno un significato diverso da quello che avrebbero nel mondo profano (il mondo dei non iniziati). Il "Maestro Venerabile" batte un martello all'inizio di una tenuta di loggia e dichiara: "*Non siamo più nel mondo profano*", sottintendendo che ora siamo in un mondo sacro. In questo modo, il "Maestro Venerabile" pensa di santificare lo spazio e il tempo. Nella loggia, il significato profondo delle azioni e delle parole è nascosto, tutto è diverso, tutto è diviso e le parole non hanno più lo stesso significato, persino le età, i tempi e le date sono diversi. I neo-iniziati non possono percepire e comprendere la natura profonda del culto a cui hanno già prestato giuramento e fedeltà...

A proposito di questo segreto massonico (una vera e propria millefoglie) contenuto in un doppio linguaggio simbolico che il giovane "fratello" iniziato non può comprendere, il famoso massone Albert Pike scrive in "Morals and Dogma":

"Come tutte le religioni, tutti i misteri, l'ermetismo e l'alchimia, la Massoneria non rivela i suoi segreti ad altri che agli Adepti, ai Saggi e agli Eletti. Si serve di false spiegazioni per interpretare i suoi simboli, per ingannare coloro che meritano di essere ingannati, per nascondere loro la Verità, che chiama Luce, e quindi per tenerli lontani da essa. La Massoneria nasconde gelosamente i suoi segreti e inganna intenzionalmente i suoi pretenziosi interpreti". ("Morals and Dogmas", Volume 1, Albert Pike, p.104)

Vediamo il duplice aspetto della setta massonica e, come vedremo più avanti, un aspetto schizofrenico alla **Dr. Jekyll e Mr. Hyde**...

Il noto massone Albert Mackey ha sostenuto che la Massoneria moderna è il risultato di una fusione tra una forma "*corrotta e nera*" di Massoneria, che praticava **rituali di iniziazione traumatici derivati da antiche pratiche pagane**, e una forma "***pura***" che implicava la fede in un unico Dio e nell'immortalità dell'anima. **Egli sostiene che ciò conferisce a questa istituzione segreta un lato luminoso e uno oscuro. Egli definisce questo lato oscuro, questa forma "*parassitaria*" di Massoneria, come una sorta di Massoneria nera con pratiche iniziatiche terrificanti e traumatiche, che utilizza la rappresentazione simbolica della mitica discesa nell'Ade, la tomba o l'inferno, per poi tornare alla luce del giorno: la rinascita iniziatica - l'esperienza di quasi-morte con un'uscita astrale che è il rituale iniziatico finale: la resurrezione.** ("*Il simbolismo della Massoneria: illustrare e spiegare la sua scienza e filosofia, le sue leggende, i suoi miti e i suoi simboli*" - Mackey, Albert G, 1955)

Nella Massoneria esistono due parti, una delle quali ignora l'esistenza dell'altra, il che può essere tradotto come *i buoni non conoscono i cattivi, ma i cattivi conoscono i buoni*. Questo schema si ritrova in un sistema interno di disturbo dissociativo dell'identità [1] dove l'alter personalità "cattiva" (Mr. Hyde) è perfettamente consapevole dell'esistenza dell'alter personalità "buona" (Dr. Jekyll) mentre quest'ultima è ignara dell'esistenza dell'alter personalità "buona" (Mr. Hyde). L'alter ego "buono" è la facciata pubblica, visibile e benevola, la punta illuminata di un iceberg che contiene un intero mondo interiore nascosto e invisibile... Questo schema può essere trasposto alla Massoneria e alla sua particolarissima organizzazione gerarchica e selettiva, dove paradossalmente il vertice *illuminato* o *illuminante* della piramide è l'aspetto più occulto e invisibile, il cui accesso è riservato a una minoranza (Massoneria *degli Illuminati*).

---

[1] http://mk-polis2.eklablog.com/le-trouble-dissociatif-de-l-identite-tdi-trouble-de-la-personnalite-mu-p634661

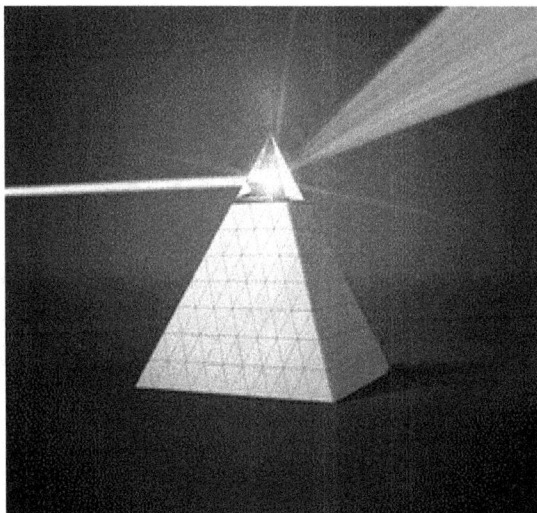

Il massone Manly P. Hall ha descritto chiaramente questi due aspetti ben distinti dell'organizzazione massonica: *"La* *Massoneria è una fraternità nascosta all'interno di un'altra* *fraternità: un'organizzazione visibile che nasconde una* *fraternità invisibile di eletti... È necessario stabilire l'esistenza* *di questi due ordini separati ma interdipendenti, uno visibile,* *l'altro invisibile.* L'organizzazione visibile è uno splendido cameratismo composto da "uomini liberi e uguali" che si dedicano a progetti etici, educativi, fraterni, patriottici e umanitari. *L'organizzazione invisibile è una confraternita* *segreta, augustissima, maestosa per dignità e grandezza, i cui* *membri sono consacrati al servizio di un misterioso "Arcanum* *arcandrum", cioè di un mistero nascosto".* ("Lezioni di filosofia antica", Manly P. Hall, p. 433)

La Massoneria non è una società segreta "monoblocco", ma una sovrapposizione di società segrete che si intersecano tra loro. È una sorta di *bambola russa* piramidale *di* iniziazione, in cui si sovrappongono varie scuole misteriche, alcune delle quali aprono le porte ad altre in un processo di iniziazione altamente selettivo... L'ex massone Olivier Roney, autore del libro *"Gustave Flaubert et le Grand-Orient de France",* cita, ad esempio, la chiesa gnostica all'interno del Grand Orient de France, i movimenti martinisti e le scuole alchemiche, ecc. È noto che questi gruppi massonici praticano attivamente l'occultismo più avanzato, mentre le logge dei primi gradi ignorano totalmente l'esistenza di queste scuole esoteriche: tutto è ultra-diviso e ultra-selettivo.

La Massoneria non smette di proclamare pubblicamente che non è segreta, ma *"discreta"*, attraverso incessanti campagne di comunicazione rivolte ai profani. L'obiettivo è quello di ammorbidire l'opinione pubblica per sfatare l'idea che la segretezza sia sinonimo di oscurità e possa danneggiare l'immagine delle logge... eppure... **La segretezza** è infatti il cuore del sistema massonico: ne è prova il fatto che l'iniziato dei primi gradi non ha assolutamente idea di cosa gli riservino i gradi superiori in termini di rituali di iniziazione; egli procede alla cieca nella sua ascesa massonica verso l'*illuminazione*, poiché è severamente vietato ai massoni rivelare qualcosa dei gradi superiori a un iniziato dei gradi inferiori. Il semplice fatto che esistano *"Piccoli Misteri"* accessibili ai primi tre gradi (logge blu) e *"Grandi Misteri"* riservati ai gradi superiori, secondo l'egittologo FM Johann Christoph Assmann, dimostra che questa setta iniziatica è chiaramente una società *SEGRETA* e non quella *DISCRETA* che vorrebbero farci credere... anche se moltiplicano le "giornate di apertura" per i profani, **ai quali viene poi mostrato l'arredamento materiale del tempio...** L'altro lato **dell'arredamento spirituale rimarrà sempre strettamente segreto.**

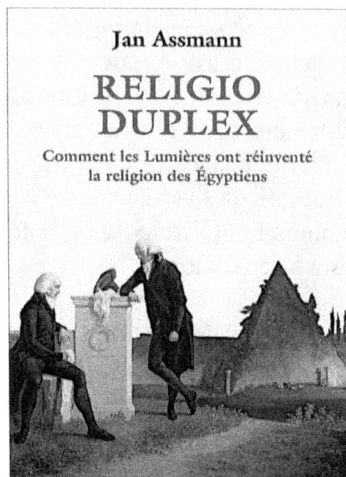

Jan Assmann

RELIGIO DUPLEX

Comment les Lumières ont réinventé
la religion des Égyptiens

Assmann, che ha studiato gli antichi culti noti come culti *misterici*, in particolare quelli egizi, parla di una ***Religio Duplex*** (doppia religione). **Egli conferma questa nozione di dualità e segretezza descrivendo una religione con due facce: quella exoterica destinata alla massa non iniziata (la vetrina) e quella esoterica (i Misteri) destinata all'élite, cioè una spiritualità nascosta da praticare e trasmettere segretamente.** Questa forma di "religione duale" applica le nozioni di doppio linguaggio o doppio significato a segni e simboli, ingannando il profano che non è in grado di accedere ai Grandi Misteri. È a questo che si riferisce Albert Pike quando scrive: *"Usa false spiegazioni per interpretare i suoi simboli, per ingannare coloro che meritano di essere ingannati, per nascondere loro la Verità".* Questi culti "a doppio fondo" conservano una Gnosi accessibile solo agli *Eletti*... È la fraternità occulta descritta sopra da Manly P. Hall e dal suo *"Arcanum arcandrum".*

Ciò significa che i "*Misteri*" nascosti non possono essere rivelati immediatamente ai giovani iniziati, che scapperebbero dalla setta e dalle sue dottrine. Ad esempio, il **fallismo** o il **culto del fallo**, , descritto in dettaglio dal massone Jacques-Antoine Dulaure e sul quale torneremo più avanti, non è immediatamente accettabile per la persona media che è stata appena introdotta in una loggia. Questi Misteri vengono infusi a poco a poco nell'anima del pretendente all'*illuminazione*, un'infusione massonica che seleziona gradualmente le anime in grado di accedere (e assumere) la realtà luciferiana delle loro logge. I lettori che potrebbero essere scioccati dall'associazione della loggia con il luciferismo scopriranno che il fascicolo nelle loro mani supporta gradualmente questa affermazione...

Citando l'alto iniziato massonico Manly Palmer Hall: "*Quando un massone impara che il significato del guerriero sulla tavola rappresenta in realtà una dinamo che sprigiona energia vivente, scopre il mistero della sua nobile professione. Le energie ribollenti di Lucifero sono nelle sue mani. Prima di poter iniziare a progredire e ad ascendere, deve dimostrare di essere in grado di usare correttamente queste energie (...) L'uomo è un dio in divenire, e proprio come nei miti mistici dell'Egitto con il tornio del vasaio, deve essere plasmato".* ("Le chiavi perdute della Massoneria" - Manly P. Hall, 1976, p.48)

L'idolo cornuto di Baphomet tanto caro ai satanisti

L'ex massone Serge Abad-Gallardo, autore del libro *"Je servais Lucifer sans le savoir"* *(Ho servito Lucifero senza saperlo)* ha dichiarato che *la maggior parte dei massoni si unisce alla Massoneria naturalmente non per adorare Lucifero... anche se al 29° grado c'è l'adorazione di Baphomet, o più esattamente la* **genuflessione davanti a Baphomet**. (Radio Notre Dame - 01/03/2019)

Dobbiamo anche notare la grande schizofrenia spirituale della Massoneria. Si tratta di una situazione estremamente paradossale in cui, da un lato, sostiene la laicità e persino l'ateismo e il materialismo nel mondo secolare, mentre dall'altro, dietro le quinte, pratica l'occultismo più avanzato... La Massoneria dichiara pubblicamente che "ogni religione è alienante", ma essa stessa funziona con riti, rituali, cerimonie e una fede condivisa nel GADLU (Grande Architetto dell'Universo). Ha i suoi "seguaci"... non è forse una religione? **È la religione della Repubblica, secondo le parole del massone Oswald Wirth...**

Cecilia Gatto Trocchi, docente di antropologia presso la Facoltà di Scienze Politiche dell'Università di Perugia e iniziata di una loggia massonica, ha dichiarato alla televisione italiana: *"Quando ho studiato l'esoterismo e l'occultismo, il satanismo, le messe nere, eccetera, mi sono detta che lì c'era qualcosa di enorme...* ***Ho scoperto che in realtà si tratta di una lunga corrente di persone che sono passate dal marxismo all'esoterismo, da una visione positivista e materialista della vita, a una visione spiritualista ed energetica. Lo hanno fatto cercando di invocare le forze del male per ottenere maggiore potere, conoscenza e influenza sul mondo (...) C'è stato un*** *passaggio dal secolarismo materialista a un mondo esoterico e gnostico che ha dato origine all'occultismo. Il Patto con il Diavolo è presente nella Massoneria deviata, che scagiona Satana. Nella loggia a cui appartenevo, , una loggia mista, c'era la poesia "Inno a Satana" di Carducci. Queste persone pensano che Satana/Lucifero abbia fatto un grande favore all'umanità dando loro il frutto della conoscenza, in altre parole che il Diavolo sia così scagionato e considerato un grande alleato dell'umanità".* (Enigma, Rai 3 - 27/02/2004)

Cecilia Gatto Trocchi
antropologa

Come già detto, Albert Mackey afferma che la Massoneria ha un aspetto luminoso e uno oscuro. **Una delle sue radici è nello gnosticismo, dove troviamo questa nozione di "Luce" contro "Tenebre", una parte essenziale della teologia gnostica.** Alcuni sopravvissuti ad abusi rituali e al controllo mentale riferiscono che i loro abusatori hanno deliberatamente coltivato questa scissione - o dualità - in loro, con una parte della loro personalità dalla *parte della Luce* (frequentando le messe cristiane, per esempio) mentre un'altra parte della loro personalità subisce e partecipa a pratiche rituali malsane e traumatiche *dalla parte delle Tenebre - Dr Jekyll & Mr* Hyde.

Il relativismo caro ai massoni, tipicamente gnostico, permette loro di cancellare ogni nozione di Bene e Male. **È il principio massonico della combinazione o "sintesi degli opposti", il cui simbolo ultimo è il mosaico di pietre bianche e nere posto al centro della loggia e dei riti di iniziazione.**

Le pratiche spregevoli, di cui parleremo più avanti nelle testimonianze, sono semplicemente una forma di superamento del bene e del male, che dà a questi *iniziati* una sorta di senso di superiorità rispetto alle masse. I rituali violenti e talvolta omicidi e l'estrema dissolutezza sessuale di queste sette sono legati a concetti di trasgressione, eccesso di ogni genere e violazione della moralità sociale. Questi rituali sono visti come il mezzo ultimo per superare la condizione umana e l'ordine sociale per raggiungere una sorta di trascendenza umana, tanto più se accompagnati da stati alterati di coscienza dovuti a droghe e stati dissociativi.

Filantropia VS psicopatia?

Notiamo che la Massoneria ha un lato che si può definire "luminoso", quello che ama mettere in evidenza nel dominio pubblico e laico: il suo grande "*Umanesimo*" e la sua generosissima "*Fraternità*".

Infatti, la filantropia (culturale, scientifica e umanitaria) è uno dei grandi pilastri della setta massonica, che è la Massoneria in tutta la sua bellezza, mentre paradossalmente c'è una pletora di affari nefasti, persino criminali, tra i massoni...

I circoli alto-massonici sono fondamentalmente dualistici. Questi individui si sforzano di bilanciare le loro azioni malvagie con quelle buone. I più grandi filantropi sono spesso luciferiani di alto rango, la cui "generosità" è al servizio dei propri interessi.

Nelle Costituzioni di Anderson, uno dei testi fondanti della Massoneria, c'è una totale discrepanza tra ciò che proclama e ciò che fa. *La ricerca della verità*, lo *studio della morale*, il *miglioramento materiale e morale*, il *miglioramento intellettuale e sociale*, la *tolleranza reciproca*, il *rispetto per gli altri e per se stessi*, la *libertà di coscienza*, ecc. sono le regole che dovrebbero regnare nei cuori dei massoni... che sono effettivamente uomini fallibili... Ma basta guardare lo stato del mondo di oggi, da quando l'umanità è stata sottoposta a questo sofisma massonico, per capire l'impostura rappresentata da questo umanesimo grondante di buoni sentimenti, per così pochi risultati... o per così tanto caos, diciamo...

Éliphas Lévi ha commentato così il motto massonico repubblicano: "*Liberté pour les convoitises, Égalité dans la bassesse et Fraternité pour détruire*". (*Storia della Magia* - 1913, Libro V, Cap. VII)

Lo scandalo *di Propaganda Due* scoppiò in Italia negli anni Ottanta. La loggia massonica "P2" (Grande Oriente d'Italia), guidata all'epoca da Licio Gelli, fu coinvolta in una serie di casi criminali, tra cui la corruzione politica e l'attentato alla stazione di Bologna nel 1980, come parte di una *"strategia della tensione"*. Questa potente ed elitaria loggia massonica, legata alla mafia, fu descritta all'epoca come *uno "Stato nello Stato"* o *"governo ombra"*. Tra i suoi membri c'erano deputati e senatori, industriali, ma anche alti ufficiali militari, capi dei servizi segreti, magistrati, banchieri, direttori di stampa, ecc...

Sophie Coignard
UN ETAT
DANS L'ETAT

Albin Michel

Uno "Stato nello Stato"? Con questo titolo la giornalista francese Sophie Coignard ha pubblicato il suo libro che indaga sulle reti massoniche in Francia. *"È importante capire che la Massoneria è molto più di un social network, è davvero uno Stato nello Stato"*, ha dichiarato la giornalista al telegiornale di France 2. Ha anche puntato i piedi, dichiarando: *"Quando un magistrato è massone, quando l'imputato è massone e il suo avvocato è massone, e forse anche il perito legale, questo può rappresentare un problema!* (Programma *"Revu & Corrigé"*, France 5 - 24/03/2009) Rendere giustizia implica un giuramento, e quando si diventa magistrato si giura... Se si è massoni, quale dei due giuramenti prevale sull'altro quando si tratta di giudicare? È ovvio che a livello di giustizia queste collusioni massoniche pongono un problema serio...

Nel caso dell'assicuratore di Arras (Jacques Heusèle), probabile organizzatore di balletti rosa (pedocriminalità), l'avvocato Bernard Méry ha dichiarato che un giudice gli ha detto chiaramente: *"Maître, non possiamo fare nulla in questo caso, lei ha la massoneria... Cosa vuole fare contro la massoneria?"* (*Les Faits* - Karl Zéro)... Torneremo su questo punto.

Quasi tutte le persone incriminate nella vicenda del partouze Lille Carlton erano massoni della GODF. I fatti hanno rivelato un sistema di *appalti aggravati in una banda organizzata*, oltre all'*occultamento di appropriazione indebita di beni aziendali, frode* e *violazione della fiducia*. I tre giudici incaricati del caso hanno dichiarato che la vicenda *è opera di reti di massoni, libertini e politici*. Va notato che un commissario di divisione, anch'egli massone, ha usato i file della polizia per fornire informazioni a questa rete...

Nel 2013, a Battle Creek, nel Michigan, la polizia ha fatto irruzione in un tempio massonico in seguito alla segnalazione di diverse persone nude viste dietro le finestre dell'edificio. Il primo poliziotto che ha varcato la porta si è detto *"scioccato"* dalla situazione *"fuori controllo"*. Ha detto a un giornalista presente alla scena: *"Ho visto una coppia che faceva sesso violento, circondata da molte donne nude, c'erano droghe e uomini che filmavano la scena"*. Secondo il giornalista, che ha parlato con i residenti della zona, non era la prima volta che si svolgeva un'orgia in questo tempio... Il punto qui non è la "polizia della mosca", ma evidenziare questa tendenza massonica alla disinibizione totale che mira a superare la morale sociale, i *tabù* e qualsiasi nozione di giusto e sbagliato. Come vedremo, queste attività orgiastiche affondano le loro radici negli antichi culti misterici e nei riti di magia sessuale, in particolare il culto dionisiaco e i baccanali. Vedremo che alcuni massoni sembrano portare queste pratiche devianti all'estremo, coinvolgendo bambini e adulti non consenzienti in traumatici abusi rituali...

Ghislaine Ottenheimer e Renaud Lecadre, autori del libro *"Les Frères Invisibles"* (*I Fratelli Invisibili*), riferiscono che diversi massoni hanno raccontato loro dei *"metodi degni delle peggiori*

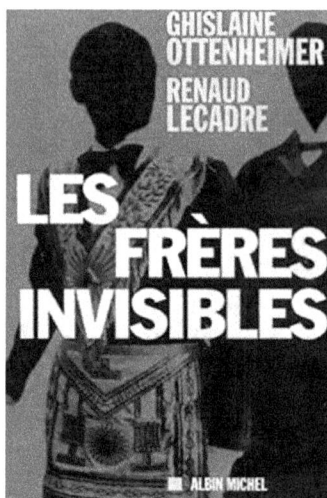

serie criminali, utilizzati da alcuni Fratelli per compromettere i loro onorevoli associati": l'uso di sex club con specchi unidirezionali per scattare foto, senza dimenticare di specificare che i bambini piccoli possono essere utilizzati in queste "trappole di miele". In questo modo, tutti si tengono per i capelli. Ottenheimer ha anche spiegato a L'Express che *alcuni magistrati temono di veder annullati i loro procedimenti a causa di legami massonici* (...) La *giustizia massonica impone ai suoi membri di rivolgersi alla loro gerarchia prima di intraprendere qualsiasi azione davanti ai tribunali della Repubblica. Alcuni sono stati addirittura espulsi per aver portato uno dei loro membri davanti a un tribunale civile senza aver tenuto conto del desiderio dei gradi superiori di mettere a tacere la questione. Come credere all'imparzialità di questo sistema giudiziario massonico?*

Nel documentario di Karl Zéro *"Le fichier de la honte"* (Affaire Zandvoort), vediamo Juan Miguel Petit, relatore della Commissione per i diritti umani delle Nazioni Unite, dichiarare:

"Ci sono state lamentele e denunce specifiche da parte di madri che affermano di essere perseguite da gruppi, che potrebbero essere paragonati a mafie *o logge, che organizzano la pornografia infantile".* A seguito della sua indagine in Francia, Juan Miguel Petit ha scritto

nel suo rapporto[2] nel 2003: *In diversi casi comunicati al Relatore speciale, è stato sottolineato che le persone accusate di aver commesso abusi (sui minori) erano* **strettamente legate a membri della magistratura o a persone che occupavano posizioni elevate nell'amministrazione pubblica, che erano in grado di influenzare l'esito dei procedimenti a loro sfavore,** *un argomento che era stato avanzato anche dalla Divisione nazionale per la repressione dei reati contro le persone e le proprietà...*

Pochi sanno che l'uomo soprannominato *l'Orco delle Ardenne*, **lo psicopatico pedofilo Michel Fourniret, era un massone.** È stato il giornalista Oli Porri-Santoro a rivelare nel suo libro *"Le fils de l'ogre" (Il figlio dell'orco)* che Fourniret apparteneva alla Massoneria del Grande Oriente di Francia, nella loggia "*Frères Unis Inséparables*". Oli Porri-Santorro, anch'egli massone all'epoca, **sostiene di aver ricevuto pressioni e minacce per impedirgli di menzionare nel suo libro il legame tra Fourniret e la massoneria.** Se *l'orco delle Ardenne* fosse un predatore isolato, come è stato dipinto, o se fosse legato a una rete criminale pedofila, è un'altra storia...

Vedere, ad esempio, i membri del Rotary Club (un gruppo cripto-massonico, fondato e composto principalmente da massoni) che vendono le decorazioni per l'albero di Natale nella galleria di un supermercato a beneficio dei bambini bisognosi, o gli Shriner (un ramo massonico) che finanziano e si occupano degli ospedali pediatrici, è "*il lato chiaro dei* Fratelli"; mentre alcune

---

[2] http://ekladata.com/619tRjph2N9yyTQQCvlopK-Pac8/rapport-onu-juan-manuel-petit-2003.pdf#viewer.action=download

testimonianze disturbano questo decoro pacifico riportando lo stupro di gruppo di bambini durante rituali che arrivano fino al sacrificio di sangue, coinvolgendo Shriner o Rotariani: "*Il lato oscuro della Fratellanza*"... - **Dr Jekyll & Mr Hyde** -.

Per comprendere meglio la serie di testimonianze che seguiranno, passiamo ora alla questione delle antiche religioni misteriche, di cui la Massoneria pretende di essere una continuazione. Queste pratiche pagane potrebbero aiutarci a comprendere le oscure motivazioni alla base del pedo-satanismo, degli abusi rituali traumatici che portano a profondi stati dissociativi...

Religioni misteriche, paganesimo e rituali iniziatici traumatici

Secondo lo scrittore e conferenziere americano Fritz Springmeier[3], uno dei segreti delle religioni misteriche, in particolare del culto egizio dei Misteri di Iside, era la capacità di usare droghe, torture e ipnosi per creare personalità multiple (disturbo dissociativo dell'identità) in un essere umano. Secondo le sue fonti, gli schiavi sessuali (maschi o femmine) controllati mentalmente sono usati oggi negli alti gradi massonici e in altre logge esoteriche. Un alter ego programmato fin dall'infanzia può servire come sacerdotessa durante alcuni rituali. Questi schiavi, dissociati da un trauma, subiscono trance, possessioni demoniache e ogni sorta di rituali perversi basati sulla magia sessuale.[4]

I Misteri di Iside si basavano essenzialmente sulla magia. La stregoneria egizia e isiaca svolse un ruolo considerevole in tutto il Vecchio Mondo, e queste pratiche occulte non si sono estinte

---

[3] http://mk-polis2.eklablog.com/interview-de-fritz-springmeier-p635419

[4] http://mk-polis2.eklablog.com/magie-sexuelle-et-societes-secretes-jean-pascal-ruggiu-golden-dawn-a134245690

con il mondo materialista moderno: **sono rimaste nell'insegnamento di società segrete iniziatiche di tipo massonico.** *"La magia antica era il fondamento della religione. Il fedele che desiderava ottenere qualche favore da un dio non aveva alcuna possibilità di successo se non riusciva a mettere le mani su quel dio, e questo poteva essere ottenuto solo attraverso un certo numero di riti, sacrifici, preghiere, ecc..."*. (M. Maspero, *Études de mythologie et d'archéologie égyptiennes*. Parigi, 1893, tomo I, p. 106)

Questi culti erano particolarmente diffusi nel bacino del Mediterraneo, tra cui le cerimonie babilonesi di *Inanna* e *Tammuz*, i Misteri egizi di *Iside* e *Osiride*, il culto *orfico*, il culto di *Bacco (*Dioniso*)*, i Misteri *di Eleusi* e *Mitra*, i riti *Corybantici* e i Misteri *di Attis* e *Adone*.

Alcune testimonianze attuali sembrano confermare che il culto di Dioniso/Bacco e tutte queste religioni pagane sono ancora oggi praticate in Occidente. Il libro *Ritual Abuse and Mind Control: The Manipulation of Attachment Needs (Abuso rituale e controllo mentale: la manipolazione dei bisogni di attaccamento)* contiene la testimonianza di una sopravvissuta all'abuso rituale satanico e al controllo mentale. La donna è nata in una famiglia che praticava questi rituali di generazione in generazione. Ecco un estratto della sua testimonianza: *"Il primo omicidio infantile che riesco a ricordare consapevolmente è stato quando avevo quattro o cinque anni (...) Siamo stati portati in una grande casa signorile,*

era d'estate in occasione di una data importante . Il venerdì sera c'era un rito seguito da un'orgia sessuale che coinvolgeva molte persone in costume in questo enorme salone. **Bacco era una delle divinità adorate.** *Il giorno dopo andammo fuori in un grande prato, c'erano circa un centinaio di persone, era un grande rito.* **Mia madre era sdraiata a terra, in preda alle doglie. Il bambino è nato, una bambina. X mi mise un coltello nella mano sinistra e mi disse alcune cose sulla bambina. Poi ha messo la sua mano sulla mia e abbiamo puntato il coltello sul petto della bambina e l'abbiamo uccisa. Ha tolto il cuore, tutti hanno esultato e si sono scatenati, poi la bambina è stata smembrata e consumata".**

Abbiamo qui la descrizione di una setta che pratica la depravazione sessuale e il sacrificio di sangue, che il profano definirebbe "satanica". Si tratta del culto di Bacco/Dioniso, le cui origini risalgono al culto fallico di Osiride (legato alla fertilità) nell'antico Egitto, ma il cui gusto per il sangue e la lussuria si è moltiplicato. L'immoralità, l'indulgenza inaudita dei sensi e la pratica dell'Alta Stregoneria si ritrovano nella maggior parte delle società segrete iniziatiche. Secondo il massone J-M Ragon, la Massoneria è un **"rinnovamento, una continuazione dei Misteri d'Egitto"**, queste dottrine segrete pagane sono state rinnovate in una Gnosi riservata agli "Eletti"...

Il rituale orgiastico in *Eyes Wide Shut*, ovvero quando Stanley Kubrick **ha portato sullo** schermo **il culto di Bacco**

L'Ordine massonico si basa su un'ascendenza che contiene non solo i rituali dei costruttori di cattedrali, ma anche riti di vari culti antichi come le religioni misteriche che comportano, come vedremo, rituali di iniziazione traumatici. Nel suo libro *Fils de la Veuve (Figlio della Vedova)*, il professor Jean-Claude

Lozac'hmeur analizza i legami tra la tradizione gnostica massonica contemporanea e la mitologia. Egli giunge alla conclusione che il mito del *Figlio della Vedova*, tanto caro ai massoni, contiene una vera e propria parabola che veicola, in modo velato, una tradizione segreta a cui era originariamente associato un culto iniziatico. Secondo lui, una volta decifrata, questa storia simbolica rivela una religione dualista che oppone un *dio malvagio*, l'autore del Diluvio, a un *dio buono*, di tipo prometeico (luciferiano). **Il *dio buono* dei vari gnostici sarebbe quindi Lucifero nascosto nella sua veste più bella, un "Dio liberatore" che illumina gli iniziati con la luce della conoscenza...**

Nel libro *"Le monde grec antique"*, Marie-Claire Amouretti scrive del culto di Bacco/Dioniso presso i Misteri:

"Dioniso appare come il dio liberatore, il dio del vino e del desiderio sfrenato. L'intera struttura civile e familiare si rompe durante queste celebrazioni, che Euripide evoca straordinariamente bene nelle Baccanti: L'ebbrezza fisica e la libertà sessuale esprimono un profondo bisogno di liberarsi da un sistema civico, morale e familiare".

Scrive Marcel Détienne nel suo libro *"Dioniso messo a morte"*: *"I seguaci di Dioniso diventano schiavi e si comportano come bestie feroci* (...) *Il dionisismo ci permette di sfuggire alla condizione umana evadendo nella bestialità dal basso, dalla parte degli animali.*

Nel mondo dionisiaco, *le* pratiche che consistono in cerimonie di gruppo **che prevedono sacrifici di sangue, danze estatiche e riti erotici** sono note come *"orgiasmi"*. Dioniso si presenta nella duplice veste di dio della Natura e di dio delle pratiche orgiastiche, proprio come Shiva in India o Osiride in Egitto. **L'orgiasmo mira a decondizionare l'essere, riportandolo per un momento alla sua natura più profonda e repressa: la porta è aperta agli** eccessi **peggiori...**

Secondo lo storico romano Tito Livio, autore di *"Roma e il Mediterraneo"*, i Romani che indagarono sul culto misterico di Bacco scoprirono che **i suoi rituali includevano trasgressioni sessuali e sacrifici di sangue.** Si tratta dello **"Scandalo dei Baccanali"**, un evento storico ben documentato.

Queste varie sette antiche sembrano aver mescolato il concetto di fertilità della Madre Terra con quello di fertilità umana, immergendosi in orge rituali e sacrifici di sangue legati a un certo calendario per onorare e fare offerte agli dei e alle dee. Gli abusi rituali satanici, i sacrifici di sangue e la magia sessuale che hanno luogo ancora oggi derivano da queste antiche pratiche babilonesi.

Nel suo libro *Les Divinités génératrices*, Jacques-Antoine Dulaure (all'epoca massone della Loggia *Osiris di Sèvres*) conferma che il culto misterico di Bacco ebbe origine in Egitto ed era legato al culto fallico (il culto del pene). Nel suo libro, Dulaure scrive: "*Erodoto e Diodoro di Sicilia concordano sul fatto che il culto di Bacco fu introdotto in Grecia da un uomo chiamato Melampus, che era stato istruito in un gran numero di cerimonie dagli Egizi. Secondo Erodoto, Melampo, figlio di Amitao, aveva una grande conoscenza della cerimonia sacra del fallo. Infatti, fu lui a insegnare ai Greci il nome di Bacco e le cerimonie del suo culto, e a introdurre tra loro la processione del Fallo (...) Tutto ciò che c'è di più sacro in questi misteri, ciò che è così accuratamente nascosto, ciò che non ci è permesso di sapere se non molto tardi, ciò che i ministri del culto, chiamati Epoptes, desiderano così ardentemente, è il simulacro del membro virile*".

Il libro massonico intitolato "*The Master Mason*" (Grand Lodge F.&A.M. of Indiana, Committee on Masonic Education) descrive chiaramente il legame tra i culti misterici dell'antichità e la moderna Massoneria : "*L'idea alla base della leggenda di Hiram*

è antica quanto il pensiero religioso umano. Gli stessi elementi esistevano nella storia di Osiride, celebrata dagli Egizi nei loro templi, così come gli antichi Persiani vi facevano riferimento con il loro dio Mitra. In Siria, i Misteri dionisiaci contengono elementi molto simili, con la storia di Dioniso e Bacco, un dio morto e risorto. C'è anche la storia di Tammuz, antica come tutte le altre. **Tutte queste storie si riferiscono agli antichi Misteri. Sono celebrati da società segrete, proprio come la nostra, con cerimonie allegoriche durante le quali gli iniziati progrediscono attraverso queste antiche società, passando da un grado all'altro. Leggete queste antiche storie e stupitevi di quanti uomini abbiano ricevuto la stessa grande verità, nello stesso modo**".

Nel suo libro *Symbolism of Freemasonry or Mystic Masonry*, il massone di 32° grado J.D. Buck scrive che *"***la Massoneria è modellata sugli antichi Misteri, con i loro simboli e le loro allegorie, il che è più che casuale per le forti somiglianze***"*.

Nel 1896, in *"Storia della Massoneria"*, Albert Mackey scrisse a proposito del legame tra la Massoneria e le religioni misteriche: *"È ben noto che nei Misteri, come nella Massoneria, ci sono obblighi solenni di segretezza con pene per la violazione del giuramento. Ho tracciato le analogie tra gli antichi Misteri e la Massoneria moderna (...)* **La Massoneria è la continuità ininterrotta degli antichi Misteri, la successione di ciò che è stato trasmesso attraverso le iniziazioni di Mitra***"*.

Una cripta mitraica, antenata della moderna loggia massonica

Le analogie tra il culto misterico di Mitra e la Massoneria contemporanea sono numerose e innegabili. Nel suo libro *Figlio della vedova*, Jean-Claude Lozac'hmeur cita alcune di queste analogie. Innanzitutto, la Sala dei Misteri di Mitra era sotterranea e comprendeva una cripta il cui soffitto poteva essere decorato con stelle che simboleggiavano l'universo, proprio come il soffitto dei templi massonici. I due culti avevano la stessa disposizione: ai lati della sala, in senso longitudinale, c'erano panche tra le quali si ergevano quattro pilastrini nel tempio mitraico e tre pilastrini nel tempio massonico. Le due colonne che incorniciano i bassorilievi di Mitra corrispondono alle due colonne di *Jakin* e *Boaz* nelle logge moderne. Infine, entrambi i culti prevedono un'iniziazione preceduta da prove e diversi gradi di iniziazione. Il rituale di iniziazione del primo grado massonico è praticamente identico alle rappresentazioni di iniziazione al mitraismo. In entrambi i casi, gli occhi del candidato sono velati da una benda tenuta dietro di lui da una figura, e in entrambi i casi il maestro della cerimonia gli consegna una spada. Nell'iniziazione di Mitra, il candidato è nudo e siede con le mani legate dietro la schiena, mentre nell'iniziazione massonica ha un braccio e una gamba nudi e sta in piedi con le mani libere. È più che probabile che si tratti dello stesso culto che è sopravvissuto nei secoli.

Lo stesso Albert Pike ammise che la Massoneria era una vestigia della religione antidiluviana dei Misteri, la religione babilonese: *"La leggenda delle colonne di granito, ottone o bronzo*

sopravvissute al diluvio, si suppone che simboleggino i Misteri, **di cui la Massoneria è la legittima successione"**. Albert Mackey sottolinea in *"The History of Freemasonry"* che *la storia tradizionale della Massoneria inizia prima del Diluvio. Esisteva un sistema di istruzione religiosa che, per la sua somiglianza con la Massoneria a livello leggendario e simbolico, è stato chiamato da alcuni autori* **"Massoneria antidiluviana"**. Nel suo libro *"La Symbolique Maçonnique"*, Jules Boucher, anch'egli massone, afferma che "l'*attuale Massoneria non è una sopravvivenza dei* **Misteri dell'Antichità, ma una loro continuazione"**.

È legittimo porsi diverse domande: la Massoneria moderna trasmette iniziazioni e conoscenze simili a quelle degli antichi culti babilonesi? Questa conoscenza massonica segreta ha mantenuto una dottrina basata sul paganesimo, che comprende pratiche sessuali depravate, sacrifici di sangue e battesimi (magia sessuale e demonologia)? Si tratta della Massoneria *Nera parassitaria* con i suoi rituali di iniziazione traumatici di cui parla Albert Mackey? L'affermazione di molti scrittori massoni di discendere dai "misteri" più vergognosi dell'antichità dimostra che le dottrine e le pratiche della Massoneria tendono alla restaurazione dell'antico paganesimo più perverso. La magia sessuale e i rituali iniziatici della Morte e della Rinascita simbolica sono al centro dei Misteri dell'Alta Massoneria e dell'Alta Stregoneria. **Senza la conoscenza di queste pratiche occulte, è difficile capire e dare credito ai racconti di abusi rituali satanici che sono al di là della comprensione del profano.**

Nel suo trattato sulla magia sessuale, Pierre Manoury scrive a proposito di questi riti: *"Bisogna notare che essi costituiscono pratiche rituali di manipolazione energetica in diverse tradizioni; da certe società occidentali molto chiuse, ai sabba dell'alta stregoneria, dai baccanali greci alle priapées di e ai riti orgiastici di Shiva* (...) *alcune branche della magia sono piuttosto elitarie, e la magia sessuale è una di queste"*.

Nella prefazione al suo manuale di magia sessuale (*Il mistero dell'impiccagione*), l'occultista russa Maria de Naglowska definisce chiaramente il tono di queste pratiche esoteriche: *"Divinamente, la missione del nostro Triangolo consiste nel raddrizzare lo Spirito Maligno nel modo giusto, o, in altre parole,* **nel redimere Satana.**

Pascal Beverly Randolph

MAGIA SEXUALIS

Tehnici sexuale de înlănțuire magică

Sexul este cea mai mare forță magică a Naturii.

ANTET

Uno dei "padri" della magia sessuale occidentale è Paschal Beverly Randolph. Secondo lui, *"il vero potere sessuale è il potere di Dio"*, che può essere usato sia come esperienza mistica sia per pratiche magiche per ottenere denaro, il ritorno di una persona amata o per ogni sorta di altri scopi... Gli insegnamenti di Randolph sulla magia sessuale furono ampiamente diffusi in molte società massoniche segrete e in altre confraternite esoteriche in Europa, in particolare nell'*Ordo Templi Orientis* (O.T.O.). Randolph aveva fondato un ordine religioso dedicato alla *rigenerazione spirituale dell'umanità*, chiamato Fratellanza di Eulis, fondato ufficialmente nel 1874. Sosteneva che la sua nuova setta affondava le sue radici nei Misteri Eleusini, una delle tante antiche religioni greche. Randolph era anche legato alla tradizione rosacrociana, ma sosteneva che la Confraternita di Eulis era molto più legata ai Misteri di quanto non lo fosse l'Ordine dei Rosacroce, che secondo lui era solo una porta d'accesso al santuario di Eulis: **i segreti più profondi di Eulis**

erano in gran parte incentrati su rituali di magia sessuale, legati al culto della fertilità delle antiche religioni misteriche.
Sarane Alexandrian, autrice di "*La Magie Sexuelle: Bréviaire des sortilèges amoureux*", riferisce nel suo libro **che erano le organizzazioni iniziatiche, cioè le società segrete, ad essere responsabili dell'insegnamento della magia sessuale agli iniziati.** Karl Kellner e Theodor Reuss, due massoni di altissimo grado, furono i fondatori dell'*Ordo Templi Orientis* (O.T.O.), che secondo l'Alessandrino era una vera e propria scuola di magia sessuale. Nel 1912, l'O.T.O. pubblicò nell'Oriflamme: "*Il nostro Ordine ha riscoperto il grande segreto dei Cavalieri Templari, che è la chiave di tutto il misticismo massonico ed ermetico, cioè l'insegnamento della magia sessuale. Questo insegnamento spiega, senza eccezioni, tutti i segreti della Natura, tutto il simbolismo della Massoneria e tutti i meccanismi della religione*".

L'Alessandrino afferma che l'O.T.O. comprende 12 gradi iniziatici e che solo a partire dall'ottavo grado si può iniziare ad avvicinarsi alla magia sessuale attraverso la masturbazione iniziatica. **Il settimo grado si concentra sull'adorazione del fallo sotto il simbolo di Baphomet.** Il nono grado insegna la magia sessuale vera e propria, cioè come eseguire l'atto sessuale per ottenere poteri.

Il libro *Secrets of the German Sex Magicians* riporta i tre gradi iniziatici della magia sessuale insegnata da Aleister Crowley e praticata dai membri dell'O.T.O. :

VIII° = Insegnamento di pratiche magiche autosessuali (masturbazione).

IX° = Insegnamento di pratiche magiche eterosessuali, interazione tra sperma e sangue mestruale o secrezioni femminili.

XI° = Insegnamento di pratiche magiche omosessuali, isolamento dell'ano (*per vas nefandum*), sodomia, interazione con gli escrementi.

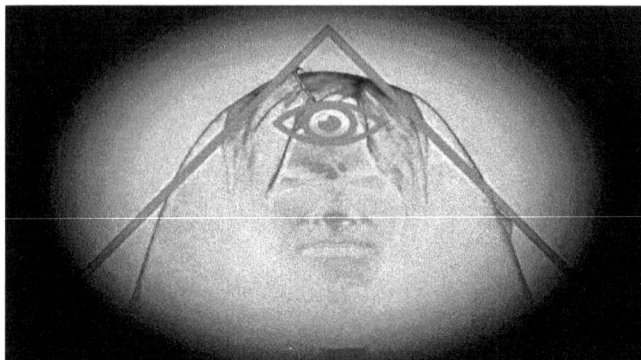

Notiamo che gli insegnamenti dell'O.T.O. sulla magia sessuale che vengono per ultimi sono quelli relativi al retto. Nel suo libro "*Shiva et Dionysos: La religion de la Nature et de l'Éros*", Alain Daniélou scrive: "*C'è tutto un rituale legato alla penetrazione anale, a Kundalini* (...) *questo spiega un rito di iniziazione maschile, molto diffuso presso i popoli primitivi, in cui gli iniziati maschi adulti hanno rapporti sessuali nell'ano con i novizi* (...) Questo atto è anche una delle accuse mosse alle organizzazioni *dionisiache.Questo atto è anche una delle accuse rivolte alle organizzazioni dionisiache dai loro detrattori, e a certi gruppi iniziatici*".

Frater U D∴∴ , autore di "*Secrets of the German Sex Magicians*" *(I segreti dei maghi del sesso tedeschi),* sostiene che gli stati alterati di coscienza sono ricercati dagli occultisti attraverso rituali sessuali per ottenere quelli che chiamano *poteri magici*. L'autore incoraggia chiaramente i suoi lettori a praticare rituali che **superino i tabù sessuali** e insiste sul fatto che "*attraverso l'uso di pratiche bizzarre e insolite, otteniamo l'accesso a stati alterati di coscienza che forniscono la chiave dei poteri magici*". Sono queste le affermazioni che potrebbero spiegare i racconti di abusi rituali da parte di pedocriminali, la cui perversione è al di là di ogni comprensione, arrivando fino al sacrificio umano.

I rituali iniziatici di rinascita che prevedono una morte simbolica erano molto diffusi nelle religioni misteriche. Questi riti di rinascita affondano le loro radici negli antichi culti della fertilità legati alla Dea Madre. Negli antichi Misteri, l'iniziato riceveva la promessa dell'onnipotenza divina, un'unione cosmica con il "tutto", attraverso l'unione simbolica con *la Madre*. Nei Misteri Eleusini esisteva un'iniziazione chiamata *"discesa oscura"* nella Madre. Lo ierofante era accompagnato in questa oscura iniziazione da una sacerdotessa che rappresentava la Dea Madre, la discesa nel suo grembo. Nel culto di Mitra, l'iniziato scendeva in una fossa e il sangue di un animale veniva versato su di lui; in seguito a questo battesimo e alla rinascita, riceveva *del latte nutriente*.

La famosa società segreta elitaria *Skull and Bones* pratica un rituale di morte simbolica in cui l'iniziato viene posto nudo in una bara e deve sottoporsi a varie fasi traumatiche con l'obiettivo

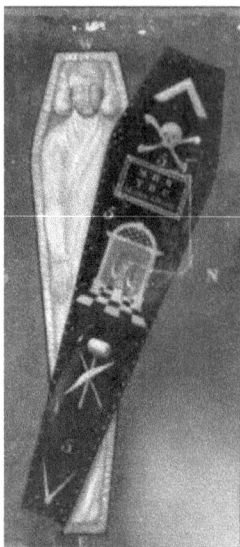

di rinascere e trasformare la propria vita. Per *Skull and Bones*, durante la notte del rituale l'iniziato **"*muore al mondo per rinascere nell'Ordine (...) mentre nella bara compie un viaggio simbolico attraverso gli inferi per* rinascere...".** Il giuramento fatto dall'iniziato durante questo rituale di rinascita giura fedeltà all'Ordine segreto che supera tutto ciò che riguarda il mondo profano. Nel suo libro *The Satanic Rituals: Companion to The Satanic Bible*, Anton Lavey, fondatore della Chiesa di Satana, ha scritto:

"*La cerimonia di rinascita si svolge in una grande bara, in modo simile questo simbolismo della bara si trova nella maggior parte dei rituali di loggia*". Il rituale iniziatico rinascimentale più estremo, come la **"cerimonia della resurrezione"**, consiste nell'infliggere un trauma estremo per provocare un'esperienza di pre-morte con uscita astrale... che può essere eseguita su un adulto o... su un bambino. **Imparare a soffrire, ma anche a provocare sofferenza, sembra far parte delle iniziazioni oscure.**

L'iniziazione dei bambini attraverso rituali traumatici non è rara nel paganesimo. Nell'iniziazione druidica, i candidati venivano sottoposti a rituali volti a far loro trascendere il dolore e la paura (confinamento in grotte, casse o bare) per diversi giorni, per poi rinascere. L'obiettivo di queste pratiche di iniziazione, note come *fuoco mistico*, era quello di raggiungere un'*esplosione di luce*, in altre parole un profondo stato di dissociazione. Ross

Nichols, specialista di druidismo e mitologia celtica, scrive in "*The Book of Druidry*" che i druidi *immergevano o cuocevano il bambino nel fuoco mistico...* **In altre parole, il bambino veniva talvolta sottoposto a queste prove di iniziazione dissociativa.**

Notiamo qui che *l'autore sacro* della Massoneria, J-M Ragon, scrisse che "*i Druidi della Bretagna, che derivavano la loro religione dall'Egitto, celebravano le orge di Bacco*". (F∴ J.M Ragon, Cours philosophique. p. 62) Il mondo è piccolo...?

I rituali di iniziazione traumatici sono progettati per trascendere la coscienza. Nel suo libro *A Course of Severe and Arduous Trials*, Lynn Brunet spiega che *le prove degli antichi culti misterici erano concepite per produrre stati alterati di coscienza, un'esperienza mistica che comportava uno stato di estasi e di unione con il divino. I metodi prevedevano lo sfruttamento del dolore, della paura, dell'umiliazione e dello sfinimento.*

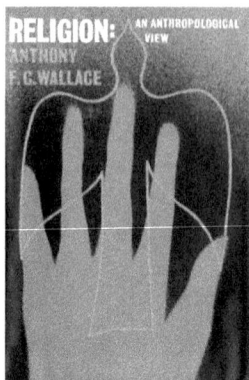

Questo stato alterato di coscienza di fronte al terrore e al dolore estremo, questa *fiammata di luce* o *illuminazione*, è ciò che oggi chiamiamo alla luce della psicotraumatologia: **dissociazione** (vedi appendice n. 3). Questo è un punto essenziale da comprendere quando si studia la pedocriminalità e più in particolare il pedo-satanismo. Gli stati dissociativi, fino allo sdoppiamento della personalità, sono il fondamento su cui si costruisce la programmazione mentale - in particolare la schiavitù sessuale - che piace tanto a certi gruppi di occultisti...

Nel suo libro "*Religion: An Anthropological View*", l'antropologo Anthony Wallace descrive un *processo di apprendimento rituale* **che funziona essenzialmente con quella che chiama la "*Legge della Dissociazione*". Egli scrive che queste pratiche, che mirano a indurre uno stato spirituale estatico manipolando direttamente e grossolanamente il funzionamento fisiologico umano, si trovano in tutti i sistemi religiosi antichi e primitivi.** Wallace classifica queste manipolazioni in quattro categorie principali:

- 1) Droghe
- 2) privazione sensoriale e mortificazione della carne attraverso il dolore
- 3) Privazione del sonno
- 4) privazione di cibo, acqua o ossigeno

Wallace descrive indirettamente, su base antropologica, le origini dell'abuso rituale satanico e del controllo mentale. Descrive come il neofita venga messo in uno stato di radicale dissociazione da tutte le sue conoscenze passate per poter ricevere nuove informazioni. La ristrutturazione cognitiva e affettiva (programmazione) viene facilitata in questi stati dissociativi, dove la suggestionabilità del soggetto viene moltiplicata. Wallace osserva che *l'efficacia di queste procedure nell'indurre cambiamenti fisiologici è stata dimostrata anche in contesti non religiosi, in particolare negli esperimenti clinici sugli effetti della deprivazione sensoriale e di varie tecniche di "lavaggio del cervello" o "riforma del pensiero".* Si riferisce qui al programma MK-Ultra.

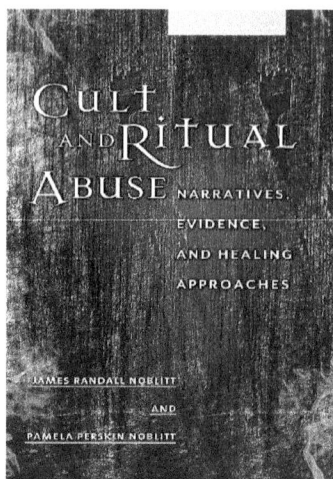

Anthony Wallace parla di uno *stato spirituale estatico* provocato da alcuni rituali, un'estasi provocata da un profondo stato dissociativo. La parola *estasi*, che deriva dal greco *ekstasis* che significa *uscita dal corpo*, questa *illuminazione* dissociativa durante il trauma è infatti considerata da alcuni come estatica, cioè uno stato di coscienza in cui passato, presente e futuro sono trascesi e unificati...

Le vittime di stupro, sia adulte che bambine, riportano molto spesso questo fenomeno di dissociazione estrema, in cui **hanno la sensazione di** aver **lasciato il proprio corpo fisico durante la tragedia**, osservando la scena dall'esterno, con le emozioni e il dolore fisico "svaniti".

Secondo il professore americano di psicologia James Randall Noblitt, il **trauma è sempre stato visto nella storia come un mezzo per creare stati alterati di coscienza**: "*Ci sono molti modi per creare stati alterati di coscienza. Ovviamente si può meditare, fare ipnosi, ascoltare i tamburi e lasciarsi andare un po'... ma non succederà nulla di eclatante... Sono convinto che molto tempo fa alcune persone abbiano capito che se si traumatizza una persona in un certo modo, si può creare il dio che si adora* (la dissociazione con uscita astrale è una porta aperta alla possessione da parte di un'entità esterna). *Questo è il motivo per cui molte religioni antiche includevano il trauma nel loro culto. Esiste un libro sull'argomento, Dio è un trauma, che tratta in particolare di alcune pratiche gnostiche traumatiche risalenti all'antichità. Possiamo risalire ancora più indietro, fino al Medioevo, allo sciamanesimo e al druidismo. È qui che sono iniziate le pratiche di programmazione mentale, quando gli individui hanno notato che l'applicazione di rituali* *traumatici poteva produrre stati dissociativi, identità dissociate, in altre parole divinità* (possessione). *Nel corso del tempo queste pratiche hanno subito alcuni cambiamenti, ma non molti... Dovreste conoscere i culti misterici che esistevano nel Mediterraneo nell'antichità, fino al Medioevo. Molti di essi prevedevano anche rituali traumatici. Oggi alcuni sostengono che anche i continuatori di questi culti, cioè le organizzazioni fraterne dei tempi moderni, le società segrete, pratichino questo tipo di cose".*

Questa forma estrema di iniziazione giovanile è presente in molte culture. In Papua Nuova Guinea, i rituali traumatici volti a terrorizzare l'iniziato sono parte integrante dei culti locali. I giovani che si sottopongono a questi protocolli si ritrovano completamente terrorizzati dalla cerimonia, che consiste nel perforare il setto nasale e bruciare l'avambraccio. L'antropologo Erik Schwimmer riferisce che lo scopo dell'iniziazione papuana *Orokaiva* è quello di provocare "*un terrore assoluto e duraturo nel candidato*". Il panico è deliberatamente indotto nel bambino o nell'adolescente, che **potrebbe anche non sopravvivere all'iniziazione.** L'antropologo Maurice Bloch riferisce degli effetti della cerimonia *Embahi,* che descrive come un'**uccisione simbolica dell'iniziato, che neutralizza la sua vitalità e lo trasforma in un essere puramente trascendentale** (stato dissociativo). **Dopo questa iniziazione, il bambino diventa sacro...**

Si tratta di pratiche pagane che potrebbero aiutarci a comprendere le oscure motivazioni alla base dei *moderni* abusi rituali satanici volti a creare gli stati dissociativi necessari per il controllo mentale. Si tratta di sacralizzare il bambino attraverso profondi stati dissociativi... Una morte iniziatica con rinascita per rendere il bambino un assassino piuttosto che una vittima: un membro a pieno titolo del culto luciferiano.

Questo principio di iniziazione attraverso il trauma è comune a tutte le strutture fraterne luciferiane/sataniste, **per le quali l'iniziazione nella prima infanzia è il modo migliore per ottenere un adulto leale e fedele (sotto controllo mentale), che rispetterà perfettamente la legge del silenzio perpetuando l'oscura tradizione dei "Misteri".** Anche i rituali che prevedono atti perversi e immorali, come la spregevole pedocriminalità, possono essere utilizzati per ricattare le persone coinvolte e costringerle al silenzio. Questo permette di creare legami *"fraterni"*, tanto più forti quando un sacrificio umano, un crimine rituale, è stato commesso in gruppo e le telecamere hanno ripreso la scena per immortalarla. Gli adepti che si immergono in questa violenza assuefacente si sentono legati l'uno all'altro da un segreto che è rigorosamente impossibile rivelare a . È un **collante malsano che lega i membri e dà loro un senso di superiorità rispetto alla massa profana dell'umanità.** Questi culti politeistici pedo-satanici, che praticano stupri rituali, sacrifici umani e battesimo di sangue, adorano entità come Moloch... La pentita Svali (nata in un culto luciferiano) riferisce che il gruppo a cui apparteneva (San Diego-USA) ha pratiche simili a queste antiche religioni misteriche babilonesi, compreso il battesimo di sangue: "*I bambini partecipano a rituali durante i quali gli adulti indossano toghe e devono, tra le altre cose, prostrarsi davanti alla divinità guardiana del loro culto. Moloch, Ashtaroth, Baal ed Enokkim sono tutti demoni comunemente venerati. Il bambino può assistere a un sacrificio reale o*

inscenato, che serve come offerta a queste divinità. I sacrifici di animali sono comuni. **Il bambino sarà costretto a prendere parte ai sacrifici e dovrà sottoporsi al battesimo di sangue.** *Devono prendere il cuore o altri organi dell'animale sacrificato e mangiarli (...)* **Eseguono rituali di iniziazione con bambini o con seguaci più anziani, l'iniziato viene legato e un animale viene dissanguato su di lui".**

L'ex massone Olivier Roney, citato in precedenza, afferma che le basi della Massoneria si fondano sul culto di Mitra. Come abbiamo visto, il professor Lozac'Hmeur ha dimostrato le forti somiglianze tra i riti di iniziazione mitraici e massonici. Gli storici riferiscono che il culto misterico di Mitra praticava un battesimo di sangue noto come *Taurobole*, una cerimonia in cui tutti i peccati venivano purificati con il sangue di un toro sacrificato. Questo in memoria del toro divino sacrificato da Mitra. Benjamin Walker, autore *di "The Woman's Encyclopedia of Myths and Secrets"*, descrive questa cerimonia di iniziazione come segue: "*Prima ci sono alcuni giorni di astinenza dal cibo e dal sesso, seguiti da una cerimonia di abluzione dopo la quale le mani del candidato vengono legate dietro la schiena ed egli giace a terra come se fosse morto. Dopo alcuni riti solenni, la sua mano destra viene afferrata dallo ierofante ed egli risorge.* **Segue il battesimo di sangue** *. L'iniziato si trova nudo in una fossa coperta da una grata, sopra la quale viene sacrificato un animale affinché il sangue possa scorrere sul candidato. Qualunque sia l'animale, esso simboleggia sempre il toro di Mitra. Il poeta cristiano Prudenzio scrisse una descrizione di questo rituale, che ricorda personalmente*: "*Attraverso la grata scorre nella fossa il liquido rosso che il neofita riceve sul corpo, sulla testa, ecc. Simbolicamente, l'iniziato è stato risuscitato dalla morte e purificato dal sangue rivitalizzante del toro. Ora è considerato 'nato di nuovo nell'eternità' e sarà accolto nella comunità degli iniziati come un Fratello, un Prescelto*". A proposito di questo culto mitraico, è stato riportato che "*le enigmatiche e terrificanti prove iniziatiche sembrano produrre disorientamento cognitivo negli individui iniziati*". (*Scienza cognitiva, rituali e religioni misteriche ellenistiche, Religion & Theology* - Martin Luther, 2006) Nell'abuso rituale satanico, questo disorientamento cognitivo della vittima è essenziale per il condizionamento e la programmazione mentale.

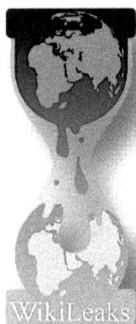

Alcune società massoniche segrete praticano ancora oggi questo tipo di cerimonia cruenta... con un effetto potenzialmente traumatico ? Un documento ufficiale contenente le udienze e i verbali **dell'affare Dutroux in Belgio** (reso pubblico da *Wikileaks* nel 2009) riporta alcune testimonianze relative a sacrifici di sangue durante rituali che a volte comportano una sorta di battesimo di sangue. Si tratta di dichiarazioni e denunce, e non è stata condotta alcuna indagine adeguata per stabilire se le testimonianze siano vere. Tutti questi casi vengono sistematicamente messi a tacere... Perché?

Ecco alcuni estratti del documento:

- *X1 ha ucciso due conigli e una capra nana per ordine di B. L'orgia si è svolta nel garage. I partecipanti indossavano costumi speciali: pelle, mantelli, maschere, ecc. C. deve mangiare il cuore del coniglio sacrificato. I bambini sono stati legati ad anelli nel garage. Il sangue della capra è stato versato su C.* (PV 118.452, 10/12/96, audizione del testimone X1 (Regina Louf), pagina 542).

- *C'erano messe nere a questo indirizzo (...) Il paragrafo 29 (il diario di W.) menziona una famiglia che pratica sacrifici umani, compresa la propria figlia (...) È stata portata in una casa dove all'esterno c'è una grande piscina. Ci sono molti uomini e donne. È stata fatta bere in macchina. C'è un grande fuoco in*

giardino. Ci sono altre tre ragazze (...) Durante un gioco in questa casa, le è stato versato addosso del sangue caldo. (PV 117.753, 754 e 118.904, Audizione di W., pag. 749)

- *Ha partecipato a una messa nera nel sobborgo di Gent nell'aprile 1987. Una messa satanista. Venivano sacrificati animali, sventrati e poi uccisi. I partecipanti bevevano il sangue degli animali (...) T4 non poté assistere all'intera cerimonia. Descrizione della villa. Veicoli di lusso (...) J. ed E. hanno riferito che erano presenti membri del Parlamento e altri VIP. Incantesimi in una lingua sconosciuta. Sacerdoti e sacerdotesse nudi sotto il mantello. Tutti indossavano mantelli e maschere. La sofferenza degli animali sacrificati è il mezzo per ottenere potere e potenza.* (PV 118.220, 04/12/96, informazioni T4, pagina 125)

- *Sa di chiese sataniche a Hasselt, Bruxelles, Gent, Knokke, Liegi, Charleroi e Mozet (...) I sacrifici vanno da quelli animali a quelli umani. I sacrifici sono seguiti da orge (...) A volte la donna viene sacrificata e il suo sangue viene usato per i riti.* (PV 100.693, 06/01/97, Audizione di L. P., pagina 126)

- *W. avrebbe partecipato a messe nere con altri minori. Ha parlato di minori marchiati con ferro rovente e di sacrifici umani. Ha anche parlato di carne umana preparata che le ragazze dovevano mangiare. Durante queste serate, le ragazze minorenni venivano violentate dai partecipanti. (PV 116.780 21/11/96, audizione di W., pag. 746)*

- *Nel 1985 partecipò a diverse sedute spiritiche sataniche nei pressi di Charleroi. In un'occasione, il sangue di una bambina di 12 anni fu offerto al pubblico. Non ha assistito all'omicidio (...) sul posto, è stato drogato prima di essere portato in una stanza con persone mascherate e vestite di nero. I partecipanti hanno bevuto sangue. C'era una ragazza nuda distesa su un altare, era morta* (PV 250 e 466, 08/01/97 e 16/01/97, udienza di T.J., pagina 260).

- *Si reca per la prima volta al castello a 14 anni con la Jaguar beige di V. (...) durante il plenilunio (...) Scrive: In cerchio intorno al fuoco - ci sono candele - tutti stanno in piedi tranne il bambino e la pecora - il bambino piange (...) Descrive l'uccisione del bambino e la mescolanza del suo sangue con quello della pecora. Poi il bambino e la pecora vengono bruciati e tutti "fanno l'amore insieme". Il cuore del bambino viene strappato* (PV 150.035, 30/01/97, audizione di N. W., pagina 756).

Abuso rituale e controllo mentale nella massoneria

Definizione

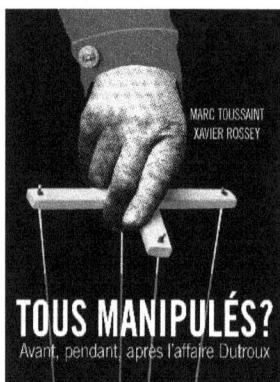

Nonostante le prove dettagliate di abusi rituali da parte di bambini, famiglie, sopravvissuti adulti, agenti di polizia, terapeuti e associazioni che lavorano con le vittime, nonostante la notevole coerenza di questi rapporti sia a livello nazionale che internazionale, nonostante le somiglianze e le sovrapposizioni tra i vari casi e le testimonianze, la società nel suo complesso ancora resiste a credere alla dura realtà degli abusi rituali. Permane l'errata convinzione che le attività criminali "sataniche" siano isolate e rare. Non si tratta di un problema nuovo, ma la società sta iniziando solo ora a riconoscere la gravità e la portata di questo fenomeno.

Ci sono molti livelli di criminalità pedofila, uno più vile dell'altro...

Per alcuni malati si tratta di soddisfare le proprie pulsioni sessuali e basta, pur sapendo che questi malati operano anche in rete e possono interagire con gruppi settari per interessi comuni. Per altri psicotici "iniziati", si tratta di occultismo, cioè di pratiche che interagiscono con l'invisibile.

"Quando si indaga su questo tipo di casi, bisogna anche guardare al lato nascosto delle cose, gli omicidi rituali. È chiaro che questi casi sono spesso screditati e così orribili che

la gente non vuole andare oltre. Per molti, questi abusi rituali sono inconcepibili. Ma quando ci rendiamo conto di cosa comportano realmente questi atti, cominciamo a capire che i loro autori hanno separato le nozioni di bene e di male. Sappiamo che esistono sette e società segrete, che esiste un potere occulto e un culto del potere. E c'è la convinzione che il bene e il male non esistono, che il vero potere sta nel superare il bene e il male. Queste persone non credono in una forza trascendente a cui dobbiamo rendere conto. Poiché non c'è nessun valore, nessun Dio, nessuna responsabilità, faccio quello che voglio e quello che mi piace. Ho potere di vita e di morte su chi voglio. È così che sono organizzate queste sette. Ci sono due tipi di crimine pedofilo: il pedofilo 'semplice' e il pedofilo perverso con un lato ritualistico". (Xavier Rossey in Alain Goossens e Hermès Kapf, "*Tous manipulés? Avant, pendant, après l'affaire Dutroux*", Dossiers Secrets d'État, n. 10, agosto 2010, p. 5).

L'ex magistrato Martine Bouillon lo ha descritto in questi termini durante un famoso dibattito televisivo a seguito di un'esplosiva indagine sugli abusi rituali: "*Stupro di bambini - la fine del silenzio*":

- **Abbiamo appena capito che la pedofilia esiste, ma non possiamo ancora capire che esiste... anche peggio della "semplice" pedofilia.**

L'abuso rituale può essere definito come un metodo di controllo delle persone di qualsiasi età, che consiste in maltrattamenti fisici, sessuali e psicologici attraverso l'uso di rituali. Comporta aggressioni fisiche, emotive e spirituali ripetute, combinate con l'uso sistematico di simboli, cerimonie e manipolazioni per scopi malevoli, **di solito il controllo della mente o la programmazione mentale.**

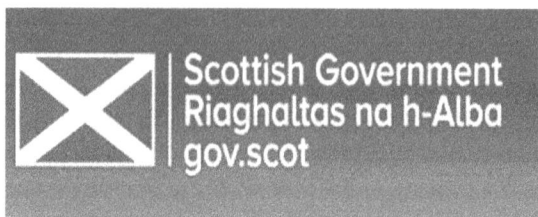

Nella sua Guida nazionale alla protezione dell'infanzia, il sito ufficiale del governo scozzese fornisce informazioni sull'abuso rituale: *L'abuso rituale può essere definito come un'aggressione sessuale, fisica e psicologica organizzata e sistematica per un lungo periodo di tempo. Comporta l'uso di rituali, con o senza particolari credenze. Di solito si svolge in gruppo. L'abuso rituale inizia generalmente nella prima infanzia e comporta l'uso di modelli di apprendimento e di sviluppo progettati per rafforzare l'abuso e mettere a tacere le vittime* (ndr: controllo mentale). ***Alcuni gruppi organizzati (reti) utilizzano comportamenti insoliti o rituali come parte dell'abuso rituale , talvolta associati a particolari credenze spirituali.***

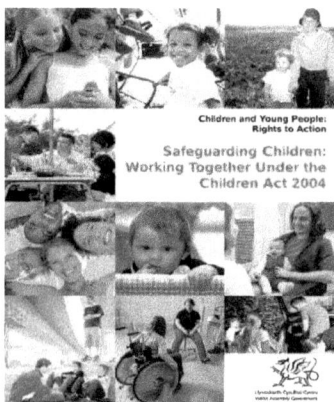

Nel Regno Unito esiste un documento del Dipartimento della Salute dedicato alla protezione dei bambini, intitolato *Working Together under the Children Act*. Nel 1991 il documento descriveva: "*L'abuso organizzato è un termine ombrello per l'abuso che coinvolge un certo numero di autori, un certo numero di bambini, e generalmente comprende diverse forme di abuso* (...) ***Alcuni gruppi organizzati possono esibire comportamenti strani e rituali, talvolta associati a particolari 'credenze'. Questo può essere un potente meccanismo per terrorizzare i bambini abusati in modo che non rivelino ciò che stanno subendo***".

Journal of Trauma & Dissociation

The official journal of the International Society for the Study of Trauma and Dissociation

Nel 2011, la rivista *Trauma & Dissociation* (*International Society for the Study of Trauma and Dissociation*) ha pubblicato un dossier[5] intitolato "*Linee guida per il trattamento del disturbo dissociativo dell'identità negli adulti*". Ecco un estratto: "*Una minoranza sostanziale di pazienti affetti da Disturbo Dissociativo dell'Identità (DID) riferisce di abusi sadici, sfruttamento e coercizione per mano di gruppi organizzati. Può essere organizzato intorno alle attività di gruppi di pedofili, di pedopornografia o di prostituzione infantile, di **vari gruppi "religiosi" o culti**, di sistemi familiari multigenerazionali, di traffico di esseri umani e di prostituzione. L'abuso organizzato comprende spesso attività sessualmente perverse, orribili e sadiche, e può comportare la coercizione del bambino come testimone o partecipante all'abuso di altri bambini. I sopravvissuti all'abuso organizzato sono tra i più traumatizzati tra i pazienti dissociativi. Alcuni di questi pazienti altamente traumatizzati hanno una marcata amnesia per gran parte dell'abuso subito e la*

ASCA

Advocates for Survivors of Child Abuse

---

[5] https://www.isst-d.org/wp-content/uploads/2019/02/TraitementsAdultesEnFrancais.pdf

storia dell'abuso organizzato emerge solo nel corso del trattamento".

Nel 2006, ASCA (*Advocates for Survivors Child Abuse*), un'organizzazione australiana di avvocati, ha pubblicato un rapporto[6] intitolato *Ritual Abuse & Torture in Australia*, da cui sono tratti i seguenti estratti: "L'*abuso rituale è un crimine a più livelli in cui le famiglie disfunzionali si uniscono per organizzare questi crimini, sfruttando i bambini a scopo di lucro. Il principale sfruttatore e abusatore del bambino abusato ritualmente è molto spesso un genitore. Questi gruppi di abusatori sono di solito costituiti da due o tre famiglie che formano una rete e che offrono i propri figli per essere abusati dagli altri membri della rete. Nel suo libro "Trauma Organised Systems: Physical and Sexual Abuse in Families", Arnon Bentovim descrive queste famiglie come un "sistema organizzato di traumi" in cui un grave trauma definisce e modella la struttura familiare e l'interazione tra i suoi membri. Le vittime crescono in un ambiente in cui la violenza, l'abuso sessuale e il trauma estremo sono la norma. In questo contesto di sfruttamento sessuale organizzato, la violenza e l'incesto commessi dagli abusanti sui propri figli possono essere visti non solo come un comportamento sadico, ma anche come una sorta di addestramento a queste pratiche di sfruttamento sessuale*".

Molte vittime o autori di abusi che hanno subito queste pratiche estremamente traumatiche durante l'infanzia e l'adolescenza sviluppano gravi disturbi dissociativi, tra cui la sindrome della personalità multipla

---

[6] http://ekladata.com/VDn_XpmtR0tVh9cHq38BrBeTybQ/Ritual-Abuse-and-Tortute-in-Australia-ASCA.pdf

(Dissociative Identity Disorder[7]), che rappresenta il livello più estremo di dissociazione psichica. Il torturatore può quindi essere una seconda personalità (un alter) dell'individuo, che non sarà consapevole del suo funzionamento da *Dr Jekyll e Mr Hyde* a causa dei muri amnesici che separano le diverse personalità. Può essere perfettamente integrato nella società e il suo personaggio pubblico non darà alcun indizio delle sue attività occulte e violente. L'abuso rituale finalizzato alla scissione della personalità è la pietra angolare del controllo mentale, la chiave per soggiogare, sfruttare e mettere a tacere le vittime.

La dottoressa Catherine Gould, nota a livello internazionale per il suo lavoro terapeutico con i bambini vittime del satanismo, ha dichiarato nel 1994 nel documentario *"In Satan's Name"* di Antony Thomas: *"Ci sono certamente banchieri, psicologi, persone dei media, servizi di protezione dell'infanzia e anche agenti di polizia, **perché hanno un interesse acquisito ad essere presenti in tutti questi circoli socio-professionali.***

*Quando ho iniziato questo lavoro, pensavo che le motivazioni alla base della pedofilia si limitassero al sesso e al denaro, ma nel corso dei miei dieci anni di ricerca ho iniziato a capire che le motivazioni sono ancora più sinistre: i **bambini vengono abusati a scopo di indottrinamento**. L'abuso rituale sui bambini è un protocollo utilizzato per plasmare gli esseri umani*

in una setta. Si tratta di formattare bambini che sono stati così abusati, così sottoposti al controllo mentale da diventare molto utili al culto, a tutti i livelli... Credo che lo scopo di tutto questo sia ottenere il maggior controllo possibile...".

---

[7] http://mk-polis2.eklablog.com/le-trouble-dissociatif-de-l-identite-tdi-trouble-de-la-personnalite-mu-p634661

Nel suo libro "*I nuovi satanisti*", Linda Blood (ex membro del Tempio di Set ed ex amante del tenente colonnello Michael Aquino) riporta la testimonianza di un certo Bill Carmody, che è lo pseudonimo di un istruttore senior di intelligence presso il FLETC (*Federal Law Enforcement Training Center*): "*Carmody ha indagato per qualche tempo sulle sparizioni di bambini che sembravano essere collegate ad attività settarie. Come membro di una squadra specializzata, ha condotto un'indagine su una rete che operava in diversi Stati del sud-ovest degli Stati Uniti. Carmody è riuscito a infiltrarsi in un totale di tre culti satanisti criminali. Commentando questi culti, Carmody* ha detto: "**I culti più gravi sono quelli più nascosti e coperti, infatti questi clan hanno organizzazioni molto sofisticate oltre ad avere i migliori mezzi di comunicazione, è una rete internazionale**".

Bill Carmody sostiene che questi gruppi trafficano in droga, armi ed esseri umani, oltre che in pornografia infantile (...) Secondo lui, i culti criminali meglio organizzati sono gestiti da persone intelligenti e altamente istruite provenienti dalle classi alte della società, dove ricoprono posizioni importanti nelle loro comunità,

UTAH ATTORNEY GENERAL'S OFFICE
Jan Graham, Attorney General

Ritual Crime in the State of Utah

le cosiddette posizioni rispettabili. Questi gruppi settari costituiscono una sottocultura altamente segreta che fa parte della malavita in senso lato. Sono generalmente composti da membri di famiglie transgenerazionali i cui legami di sangue contribuiscono a mantenere il silenzio e la segretezza.

Nel 1992, l'Ufficio del Procuratore Generale dello Utah ha istituito un'*unità per i crimini legati agli abusi rituali*, in collaborazione con l'*unità di assistenza al perseguimento degli abusi sui minori*. Questa iniziativa governativa ha prodotto un rapporto di 60 pagine[8] intitolato "*Ritual Crime in the State of Utah*", scritto nel 1995 dagli investigatori Matt Jacobson e Michael King per conto dell'Ufficio del Procuratore Generale. Il rapporto definisce il crimine rituale come segue: "L'*abuso rituale è una forma brutale di abuso su bambini, adolescenti o adulti che comporta violenza fisica, sessuale e psicologica con l'uso di rituali. L'abuso rituale raramente si verifica in modo isolato; comporta una violenza ripetuta per un lungo periodo di tempo. La violenza fisica è estrema, compresa la tortura, che talvolta sfocia nell'omicidio. L'abuso sessuale è doloroso, sadico e umiliante. Per definizione, l'abuso rituale non è un crimine impulsivo, ma piuttosto un crimine pensato male* (...) *In conclusione, i casi di crimini rituali devono essere trattati come qualsiasi altro caso.* **Gli investigatori sono incoraggiati a mantenere una mente aperta quando si occupano di casi che coinvolgono l'occulto, le credenze religiose o le attività criminali rituali** (...) **La formazione e l'educazione riguardo alle molte sfaccettature dell'abuso rituale è necessaria e dovrebbe essere di grande beneficio per tutti i livelli delle forze di polizia. Gli agenti di polizia dovrebbero essere istruiti sugli elementi di base del crimine rituale. Questa formazione dovrebbe includere i tipi di organizzazioni coinvolte in attività occulte, i loro obiettivi e i simboli utilizzati dai loro membri** (...) **Questa formazione dovrebbe includere informazioni sulla natura bizzarra dell'abuso rituale e sui problemi associati con il disturbo di personalità multipla, l'amnesia e i ricordi repressi, l'ipnosi, ecc.**

Testimonianze

Secondo numerose testimonianze, ci sono tutte le ragioni per credere che questo "lato oscuro" della Massoneria riguardi il

---

[8] http://www.saferchildren.net/print/utahag.pdf

"**pedo-satanismo**", che consiste nel praticare i peggiori abomini su bambini piccoli. I rituali servono come magia sessuale per gli aguzzini, che sottopongono il bambino a traumi estremi *come* "*iniziazione*": in altre parole, per provocare profondi stati dissociativi e quindi "*fare a pezzi*" *la sua anima,* scindendo la sua personalità per controllarlo completamente. Come abbiamo visto, i rituali di iniziazione traumatica che mirano a creare profondi stati dissociativi sono pratiche psico-spirituali antiche come le colline. Questi culti violenti che abusano ritualmente dei bambini utilizzano vari sistemi di credenze per giustificare le loro azioni. Alcune di queste credenze si basano sull'idea che sia necessario comprendere e integrare il Bene e il Male per raggiungere l'*illuminazione spirituale...* **Questo è tipicamente gnostico, e il relativismo massonico cancella *in ultima analisi* qualsiasi nozione di Bene e Male.**

Come abbiamo visto, il trauma modifica la chimica del cervello e cambia la percezione della realtà: è il fenomeno della dissociazione, utilizzato da alcuni gruppi di occultisti per un'esperienza cosiddetta "*mistica*". **I luciferiani provocano deliberatamente queste sofferenze nel bambino come un processo di inversione della santificazione, una contro-iniziazione volta a *sbloccare* spiritualmente la piccola vittima: collegarla ad altre dimensioni.**

La "G" di Gnosi, Tenebre VS Luce

Molti dei partecipanti a questi *"moderni baccanali"* sono stati immersi in questi ambienti fin dall'infanzia e sono essi stessi pervertiti e programmati fin da piccoli. Per loro gli stati dissociativi sono una vera e propria dipendenza e una forma di sopravvivenza di fronte a una realtà altrimenti insormontabile. Il problema è che in genere riproducono le pratiche *di iniziazione* traumatica - secondo lo schema di **Dr Jekyll e Mr Hyde** - sui propri discendenti...

Caryn Stardancer
founder

Caryn Stardancer è una sopravvissuta agli abusi rituali e al controllo mentale, nonché un'attivista all'avanguardia che ha co-fondato il gruppo *Survivorship*, che ha diretto per un decennio. Questo gruppo di sostegno e informazione per le vittime di abusi rituali e per i terapeuti è un punto di riferimento negli Stati Uniti. Nel 1998 ha parlato con Wayne Morris alla radio CKLN.FM presso la Ryerson Polytechnic University di Toronto, in Canada:

"Io stessa sono una sopravvissuta, gli abusi sono iniziati negli anni '40, durante la Seconda Guerra Mondiale. Alcune delle cose che ho visto per la prima volta coinvolgevano persone che lavoravano nell'esercito e che facevano questo tipo di esperimenti. **C'erano anche connessioni massoniche.** *All'incirca nel periodo in cui ho iniziato a ricevere il mentoring (all'interno del culto), mi è stato detto* **del panteismo occulto** *(politeismo, divinazione della natura) e di cosa significasse esattamente. Ci sono tutti i tipi di sistemi con cui si può esercitare il controllo mentale. Ciò che l'occultismo panteista fondamentalmente significava è che il sistema di credenze non ha importanza, dipende dall'adattabilità dell'individuo e da come reagisce alle lotte di potere.* **Man mano che si progredisce all'interno del culto in base alla propria capacità di**

adattamento, si può non sapere che esiste un gruppo più ampio, che comprende quello a cui si appartiene *(la bambola russa iniziatica ultra-divisa). Potete accedervi a seconda della vostra capacità di evolvere all'interno del sistema, ma anche attraverso certe relazioni con le persone che ne fanno parte. Per esempio,* **le persone che mi hanno insegnato l'occultismo panteista erano direttamente coinvolte in quella che è conosciuta come una setta dionisiaca.** *Mi è stato spiegato che questa risaliva ai tempi pre-*

cristiani. In sostanza, quello che facevano era un ricatto politico. **L'uso di bambini, addestrati per il sesso, era finalizzato a usarli per fotografare, o filmare, con adulti a scopo di ricatto** (le trappole del miele care ai massoni). *Da quando sono nato in questo sistema transgenerazionale, ci sono sempre state persone che parlavano della Tradizione Occulta, che facevano risalire direttamente all'***antico dionisismo**. Avevano un'intera tradizione occulta contenente alcuni fatti storici che erano arrivati fino al loro culto.* **Questa setta dionisiaca mi ha insegnato che una delle prime leggi approvate contro gli abusi rituali a Roma, in epoca precristiana, fu fatta contro queste stesse sette dionisiache che erano ancora attive negli anni '40 e '50, e probabilmente lo sono ancora oggi! Il motivo delle leggi contro di loro era che all'epoca era noto che i loro rituali includevano orge sessuali, flagellazioni e stupri rituali di donne e bambini. Ma non è questo il motivo principale per cui ci sono state leggi contro questi culti, queste leggi sono state redatte perché questi gruppi praticavano i loro crimini a scopo di ricatto politico".**
("Scandalo dei Baccanali")

La testimonianza di **Maude Julien** racconta questa nozione di iniziazione attraverso traumatizzazione di un bambino per accedere ad altre dimensioni. Nel suo libro *"Derrière la grille",* descrive come suo padre, **un ricco imprenditore iniziato alla Massoneria e ai suoi segreti**, l'abbia sottoposta a un condizionamento estremo **volto a trasformarla in una "Dea"**

controllata dalla mente, un robot che obbedisce a ogni suo comando. Maude Julien ha sofferto di un isolamento sociale totale per quindici anni. Fu rinchiusa in una camicia di forza mentale, la sua mente e il suo corpo furono addestrati per renderla *un essere superiore*, **una *Prescelta*.** Il padre la costrinse, ad esempio, a tenere in mano un filo elettrico e a subire scosse elettriche, un modo molto efficace per creare profondi stati dissociativi. **L'obiettivo del padre era quello di renderla capace di** *viaggiare tra gli universi* **e di** *imparare a comunicare con i morti...* Questo iniziato massone conosceva ovviamente il funzionamento della psiche umana di fronte a traumi e condizionamenti estremi, e si mise a sperimentarlo su sua figlia...

In un'intervista televisiva rilasciata a Thierry Ardisson nel 2014, Maude Julien ha dichiarato: "*L'obiettivo di mio padre era effettivamente quello di fare di me un 'super-essere', aveva una missione capitale per me. E per farlo, ho dovuto sottopormi a allenamenti fisici e psicologici affinché lo spirito fosse più forte della materia*".

Maude Julien ha confidato di avere un'**amnesia traumatica per le cicatrici sulle cosce e sul seno. Non sa cosa le abbia causate...**

- Thierry Ardisson: *E poi c'è la cantina... quindi è piuttosto violento, cioè* **ti sveglia nel cuore della notte e ti fa sedere su una sedia in una cantina.**

- Maude Julien: *Sempre per restare fermi. Ma lo scopo di questa missione capitale a cui mi ha dedicato era che* **io potessi viaggiare tra gli universi, imparare a comunicare con i morti...**

- Thierry Ardisson: *C'è anche il test dell'elettricità, che è incredibile.* **Ti chiede di tenere in mano un filo elettrico e di subire scosse elettriche per dieci minuti.**

- Maude Julien: *Quando ci sono scarichi, non si può reagire.*

- Thierry Ardisson: *Alle otto vai a svegliare tuo padre, e poi devi tenergli il vaso da notte mentre urina (...) la cosa più inquietante sono queste cicatrici sulle cosce e sul petto, di cui non conosci l'origine. Pensi che si tratti di riti di iniziazione?*

- Maude Julien: *Quello di cui i medici sono certi è che non sono stati fatti da professionisti della salute, il che esclude la teoria dell'incidente, e temo che non lo saprò mai...*

Sono forse gli insegnamenti occulti delle alte logge massoniche a ispirare tali progetti per creare *"Esseri superiori"*, schiavizzati e traumatizzati per diventare medium collegati ad altre dimensioni? Un trauma estremo provoca profondi stati dissociativi che *"sbloccano"* spiritualmente il bambino, consentendo la connessione con altre dimensioni. Esistono oscuri rituali massonici il cui scopo è quello di iniziare il bambino, in altre parole, di creare una "illuminazione" nel bambino durante la dissociazione? Fino a che punto un iniziato può spingersi per ricevere la luce... o per darla a qualcun altro? Iniziare un bambino, per esempio? Un bambino che è stato torturato e violentato durante i rituali si trova in uno stato di profonda dissociazione, il che significa che egli stesso diventa una porta aperta verso altre dimensioni... In tale stato di trance dissociativa, il bambino potrebbe essere una sorta di ponte, un medium che agisce come intermediario per collegare il mondo terrestre e il mondo degli spiriti, servendo così come strumento per i peggiori occultisti?

Margaret Smith, autrice del libro di riferimento "*Ritual Abuse: what it is, why it happens and how to help*" *(Abuso rituale: cos'è, perché accade e come aiutare)*, lei stessa sopravvissuta ad un abuso rituale, riferisce della presenza di una certa filosofia gnostica dietro l'abuso, nonché della presenza di massoni, insegne massoniche o cerimonie di tipo massonico durante l'abuso rituale traumatico. Margaret Smith pubblica nel suo libro alcune statistiche sulla massoneria e gli abusi rituali:

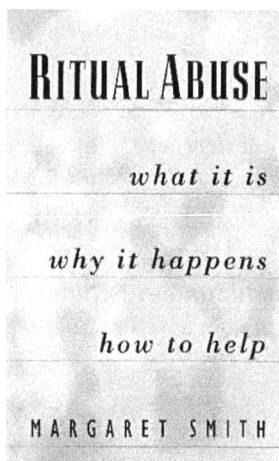

RITUAL ABUSE

what it is

why it happens

how to help

MARGARET SMITH

"In questo studio, i sopravvissuti hanno anche riferito un legame tra l'appartenenza dell'abusante a una società segreta e la pratica dell'abuso rituale. Il 67% dei sopravvissuti ha dichiarato che i loro abusatori erano membri di società segrete o organizzazioni fraterne. Il 33% ha dichiarato che i familiari che hanno abusato di loro erano massoni". (*Abuso rituale*, Margaret Smith, 1993 HarperSanFrancisco)

Lo studio di **Caren Cook** *Understanding Ritual Abuse: A study of thirty-three ritual abuse survivors. Treating Abuse Today*, condotto su 33 vittime di abusi rituali provenienti da 13 Stati diversi, riporta che questi sopravvissuti hanno citato due organizzazioni principali a cui appartenevano i loro abusatori: la Massoneria (27%) e i Cavalieri di Colombo (9%). Altri gruppi citati sono l'Ordine della Stella d'Oriente, gli Shriner e i Rosacroce.

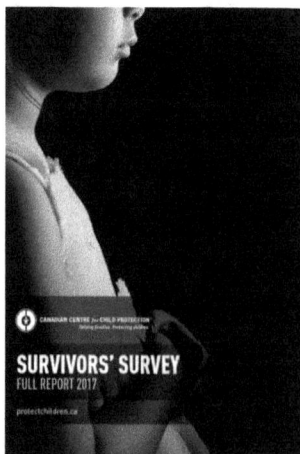

SURVIVORS' SURVEY
FULL REPORT 2017

protectchildren.ca

Il Centro canadese per la protezione dell'infanzia, un ente di beneficenza nazionale, nel suo Rapporto *completo sull'indagine sui sopravvissuti del* 2017 rileva una serie di luoghi in cui avvengono gli abusi sui minori. Tra i luoghi citati dalle vittime intervistate per questo studio, a pagina 44 si legge: "*nella loggia massonica a cui tutti appartenevano*".

Il sociologo canadese **Stephen Kent**, specializzato in culti religiosi devianti, ha incontrato molte persone che hanno testimoniato di aver subito abusi rituali di tipo massonico, in particolare figli di massoni:

Fin dall'inizio della mia ricerca, le persone si sono fatte avanti con testimonianze, alcune delle quali erano legate ad "abusi" massonici. Alcuni sostenevano che il loro padre era un massone e che gli abusi erano legati a una loggia e ai suoi membri. A volte, la violenza sembrava aver avuto luogo all'interno delle logge massoniche stesse. Queste apparizioni della Massoneria in un numero abbastanza elevato di testimonianze mi hanno lasciato davvero perplesso (...) La Massoneria non contiene una figura demoniaca come si può trovare nel Cristianesimo con la sua rigida nozione di Dio contro Satana. Ho trovato, tuttavia, *alcune menzioni di Lucifero, ma soprattutto il significato di alcuni rituali di livello superiore, dove Dio appare come un triplice personaggio: **JAHBULON***

*"Jah" si riferisce a Jahweh, "Bul" a Baal. **Baal è un riferimento alle antiche divinità pagane della Bibbia, dell'Antico Testamento, che richiedevano sacrifici di bambini.** Un massone ordinario parlerà del dio Jahbulon senza essere realmente consapevole di ciò che **sta** dicendo... **ma è possibile che i massoni deviati, quelli che io chiamo "drogati di rituali", vedano in questa figura una combinazione di Bene e Male, la combinazione di un dio superiore e di un dio che richiede***

sacrifici di bambini (...).... So che alcune delle persone che hanno fatto queste accuse parlavano di massoni di altissimo grado (...) Una volta iniziato a studiare la questione massonica, ho scoperto che c'erano persone in tutto il Nord America che sostenevano di essere state abusate ritualmente dai massoni. Alcune organizzazioni con sede negli Stati Uniti insistono particolarmente sul fatto che i massoni pratichino abusi rituali. In Canada, c'è un'organizzazione la cui leader è assolutamente convinta di essere una sopravvissuta ad abusi rituali massonici. Così, quando ho scoperto che le testimonianze che stavo ricevendo facevano parte di un contesto nordamericano molto più ampio, sono diventato molto più incuriosito da queste accuse particolarmente ricorrenti (...) Sono certi gruppi "deviati" all'interno della Massoneria che mi preoccupano di più. **Per me è del tutto plausibile immaginare massoni deviati che attingono ad alcuni scritti estremisti di Aleister Crowley, o che interpretano alla lettera alcune delle sue affermazioni sui bambini e sul sesso, o anche alcune delle sue affermazioni sul sacrificio di bambini o adulti, e le incorporano nei loro rituali".**
(Intervista con il Dr. Stephen Kent, Wayne Morris, CKLN-FM - Serie Controllo Mentale Parte 13)

Stephen Kent ha anche scritto: **"Vale la pena ricordare che i massoni sono spesso disposti ad affittare le loro logge a individui o organizzazioni appropriate, e che poche, se non nessuna, domande verrebbero fatte a un 'Fratello' che usasse le strutture (con qualche 'associato') di tanto in tanto... I rituali satanici potrebbero aver luogo nelle logge massoniche (come alcuni sopravvissuti affermano nelle loro testimonianze) senza che i membri rispettabili ne sappiano nulla".** (*Scritture devianti e abusi satanici rituali, parte seconda: possibili influenze massoniche, mormoni, magiche e pagane* - Stephen Kent, 1993).

Come si legge nell'introduzione al documento, **la rigorosa segretezza e compartimentazione della Massoneria è un pericolo per se stessa**, in quanto è impossibile per essa certificare che tali pratiche occulte e criminali non coinvolgano alcuni dei suoi membri...

La sopravvissuta americana Svali ha raccontato: "*Per tredici anni, gli abusi si sono talvolta svolti in una loggia massonica di Alexandria, in Virginia. Alcuni dei miei abusatori erano massoni, anche se la maggior parte dei membri di questa loggia non era a conoscenza del fatto che alcuni di loro la usavano per questo scopo*". (*Culti che abusano* - Svali, 18/04/2000)

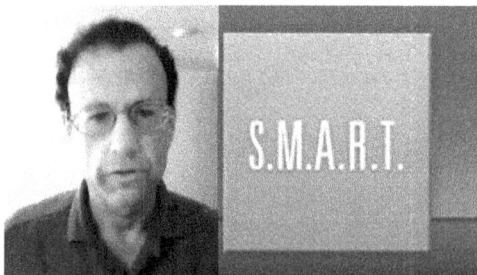

Neil Brick, anch'egli sopravvissuto e fondatore del gruppo americano S.M.A.R.T. (dedicato alla diffusione di informazioni sugli abusi rituali e sul controllo mentale), ha dichiarato:

"Credo che la Massoneria sia una delle maggiori organizzazioni responsabili di abusi rituali satanici nel mondo. Le sue connessioni arrivano fino al governo (federale e locale), nonché ad alcune istituzioni economiche del Paese... Sono nato nella Massoneria". ("*Sopravvivere agli abusi rituali massonici*" - Neil Brick, rivista *Beyond Survival* 07/1996)

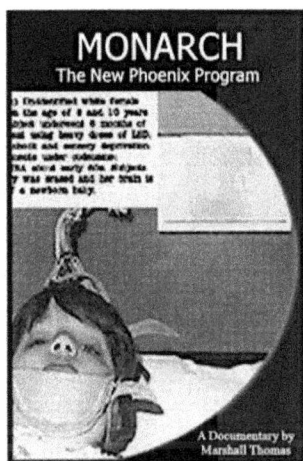

Ecco un estratto del libro di Marshall Thomas "*Monarch, The New Phoenix Program*", che collega la Massoneria all'abuso rituale/controllo mentale:

La stragrande maggioranza dei massoni si unisce e si sottopone a rituali che sembrano non avere alcun senso; è solo quando si accede ai livelli più alti, il cerchio nel cerchio se volete, che si rivela la conoscenza segreta di ciò che questa organizzazione e i suoi rituali sono realmente. Questa conoscenza viene comunicata a pochi eletti che raggiungono il 32° e oltre. Cosa siano questi riti e questa organizzazione non è ancora stato dimostrato. La Massoneria è uno dei più importanti fili conduttori che collegano le vittime di abusi rituali. Queste vittime di traumi rituali spesso sono state sottoposte a esperimenti del tipo MK-Ultra[9] durante l'infanzia. Migliaia di persone provenienti da diverse parti del Paese, che non sono mai state in contatto tra loro, raccontano tutte più o meno la stessa storia: di essere state costrette a partecipare ad abusi rituali, tra cui stupri di bambini e sacrifici rituali. La coerenza di queste storie, i collegamenti tra

---

[9] http://mk-polis2.eklablog.com/mk-ultra-p634125

*gli abusi rituali e l'MK-Ultra, sembrano a prima vista una finzione, ma le testimonianze delle vittime sono molto coerenti e il coinvolgimento di massoni di alto grado in queste pratiche è stato ripetuto molte volte. **Molte delle personalità coinvolte negli esperimenti MK-Ultra erano alti massoni, come il dottor Sidney Gottlieb, George Estabrooks, Ewen Cameron** e altri membri della comunità dei servizi segreti. I massoni sono stati accusati di molte cose nel corso degli anni, ma è probabile che la massoneria sia stata infiltrata da membri della CIA, legati all'MK-Ultra, nel tentativo di controllare questo sistema chiuso e di ottenere l'accesso a soggetti sperimentali. Il programma MK-Ultra è stato spostato dai laboratori a questi sistemi chiusi di vario tipo che potevano essere manipolati e utilizzati per fornire un gran numero di bambini per esperimenti di controllo mentale e operazioni di ricatto senza coinvolgere direttamente la CIA".* (implicito: le reti massoniche ospiterebbero bambini frazionati/dissociati da rituali traumatici)

La sopravvissuta americana al programma **MK-Ultra, Claudia Mullen**, che ha testimoniato nel 1995 davanti alla Commissione Consultiva Presidenziale sugli Esperimenti che Coinvolgono l'Irradiazione di Esseri Umani (come parte della programmazione mentale), ha **riferito a di aver partecipato a feste in logge massoniche quando era bambina.** Secondo la donna, i *medici* che lavoravano su di lei nell'ambito del programma MK-Ultra la mandarono dai massoni con lo scopo specifico di **rafforzare i suoi stati dissociativi come** risultato del trauma estremo a cui la stavano sottoponendo.

Descrive orge pedocriminali all'interno della Loggia stessa:

"Sapevano delle mie capacità dissociative fin dall'inizio e le hanno sfruttate al massimo. Perché più ci si divide/dissocia, più è facile per loro nascondere quello che fanno. Hanno creato le circostanze traumatiche necessarie per la dissociazione, in particolare mandandomi in una loggia massonica per una "festa". Mi hanno mandato lì sapendo che mi sarebbe successo qualcosa di orribile... Sapevano quindi che mi sarei separato/dissociato... La prima cosa che ho ricordato è stato l'incesto, cose incestuose a casa... Poi gradualmente ho cominciato a ricordare i rituali... Sono andato a due "feste" massoniche in una loggia. **Queste persone impazziscono a queste feste, si ubriacano... Ti fanno girare... È orribile quello che fanno... Ti fanno fare cose sessuali, ma ti fanno anche guardare altre persone che lo fanno. Tutto quello che puoi immaginare, anche con gli animali... e tu dovevi guardarlo... È traumatico quanto subirlo in prima persona. Sei un bambino e devi stare lì a guardare un ragazzino con la metà dei tuoi anni che viene torturato o violentato, ecc....**

È traumatico come affrontarlo in prima persona. Poi ti danno una scelta: puoi prendere il loro posto... Devi decidere se sarai tu o lei... e se decidi di non farlo, devi vivere con il senso di colpa che è successo all'altra persona perché l'hai deciso tu. In ogni caso, ti hanno preso... In generale sei fregato, non c'è modo di uscire da questo tipo di situazione". (Intervista con Claudia Mullen, Wayne Morris, CKLN-FM - Serie Controllo Mentale Parte 7)

 L'australiana **Kristin Constance** ha testimoniato pubblicamente di essere stata vittima di abusi rituali e di controllo mentale. I suoi aguzzini non erano altro che i suoi stessi nonni, fondatori di una loggia massonica femminile *dell'Ordine della Stella d'Oriente*. Ecco cosa ha detto durante una conferenza organizzata dal gruppo S.M.A.R.T. nel 2011:

"Mio nonno era un massone di 33° grado e apparteneva a diverse logge. Lui e mia nonna avevano fondato una loggia dell'Ordine della Stella d'Oriente nella periferia di Sydney. Sono stato in terapia per 20 anni... La parte più difficile del mio recupero è stata quella di guarire da una programmazione mentale basata sui colori e sullo sfruttamento del lato destro o sinistro del mio corpo. Questa programmazione mi portava regolarmente alla dissociazione (...) Il mio primo psichiatra mi diagnosticò un disturbo borderline di personalità. Ma ha corretto rapidamente la diagnosi in Disturbo Dissociativo

dell'Identità (D.I.D.) quando hanno cominciato a emergere le personalità alterate (...) Anche mia sorella, che ha 7 anni più di me, ricorda di aver subito abusi rituali. Un giorno, quando avevo 26 anni, **mi chiese se ricordavo le camere sotterranee e io le dissi di sì...** *Poi* **mi chiese se ricordavo dei bambini che urlavano, al che risposi che non lo ricordavo, ma che sapevo che erano nella stanza accanto, in altre stanze** *(...) 17 anni fa, quando affrontai mia madre e mio padre sugli abusi rituali, mia madre rispose che non era coinvolta, ma mi diede la valigia con tutto l'armamentario massonico di mio nonno. Si scusò per non essere stata una buona madre per me. Credo che questa sia l'unica risposta che avrò mai da lei sull'abuso rituale. Quella valigia mi ha confermato molte cose. C'erano documenti con password, segni delle mani e informazioni sui rituali massonici. C'erano anche i grembiuli, i gioielli e le medaglie che mio nonno e mia nonna portavano alle riunioni (...)*

Ricordo di essere stata messa in gabbia, ricordo scosse elettriche, scarificazioni, stupri, foto scattate, droghe, ipnosi, privazione di cibo/luce/ossigeno/sonno. Sono stata anche chiusa in una bara con dei ragni. Ho partecipato a rituali sia al chiuso che nella natura. Sono stata legata ad altari. Ho partecipato a simulacri di morte e rinascita. Ricordo botole sotterranee nei corridoi e di essere stata svegliata innumerevoli volte nel cuore della notte per essere portata ai rituali. Venivo squarciato, trafitto e pungolato in modo che il mio sangue potesse essere usato nei rituali *(...) La programmazione dei colori a cui venivo sottoposto aveva luogo in camere sotterranee. Ogni stanza aveva un colore diverso, corrispondente a una diversa programmazione. I colori sembravano corrispondere a quelli della Stella d'Oriente: blu, giallo, bianco, verde, rosso e nero per il centro. La stanza rossa aveva una luce rossa, una barella, un tavolo pieno di strumenti di tortura e apparecchiature per l'elettroshock. In questa stanza, il lato destro del mio corpo era coperto mentre il lato sinistro era sottoposto a tortura elettrica. Gli elettrodi venivano posizionati sulle mie articolazioni, provocando un dolore paralizzante che sento ancora oggi. Mi sono state sussurrate cose nell'orecchio*

sinistro e scosse elettriche sono state applicate alle mie tempie (...) Nella stanza blu, c'erano una luce blu, una barella, attrezzature per elettroshock, secchi e un lavandino. Il lato sinistro del mio corpo era coperto, mentre era il lato destro a ricevere le scosse elettriche. Qui le scosse venivano applicate ai miei muscoli (...) Red parla di schiavitù sessuale e di rituali di sangue. Non so se tutti i programmati dai massoni ricevano questo tipo di protocollo basato sui colori.
Sospetto che, a seconda del tipo di personalità, certi colori vengano accentuati e lavorati più di altri. Forse le date di nascita influenzano i colori scelti. Non capisco cosa stiano cercando di fare o creare... Mi chiedo davvero quale sia la linea guida dietro a tutto questo". (Kristin Constance - *Presunti abusi rituali da parte dei massoni e dell'Ordine della Stella d'Oriente in Australia* - S.M.A.R.T. 2011)

Il Disturbo Dissociativo dell'Identità (D.I.D.), o scissione della personalità in molteplici alterazioni, è deliberatamente provocato da rituali traumatici finalizzati al controllo mentale. Secondo il *Manuale diagnostico e statistico dei disturbi mentali* (DSM), il D.I.D. comporta *"la presenza di due o più identità distinte o 'stati di personalità' che assumono alternativamente il controllo del comportamento del soggetto, accompagnati dall'incapacità di richiamare alla memoria i ricordi personali".* La causa è quasi sempre un trauma infantile importante. I pazienti presentano in genere un'amnesia dissociativa, nota anche come **amnesia traumatica**. Un'analisi più approfondita dell'ID mostra che le funzioni dissociative e amnesiche naturali della mente umana possono essere sfruttate per manipolare e sfruttare l'individuo. **Si tratta di una vera e propria scienza psichiatrica parallela, che nelle mani sbagliate diventa una scienza traumatica e un'arma di controllo mentale non rilevabile.** Se questo disturbo da sdoppiamento della personalità, con le sue pareti amnesiche, non viene insegnato - o solo raramente - nelle facoltà di medicina, e se viene sistematicamente contestato e screditato da un'élite di *esperti*, è per il semplice motivo che è l'asse principale del controllo mentale praticato da alcune organizzazioni occulte dominanti.

Michaela Huber
Psychologische Psychotherapeutin & Supervisorin

La psicoterapeuta tedesca **Michaela Huber** descrive i metodi di programmazione mentale usati sui bambini dissociati da ripetuti traumi estremi: "*Abbiamo scoperto che molti aggressori arrivavano a torturare i bambini, usando metodi come la fame, la sete, la reclusione, il dolore estremo con scosse elettriche e aghi infilati ovunque. Non voglio entrare nei dettagli. Un collega una volta ha detto che **questi gruppi praticano** "il **terrore fisico senza limiti**", in altre parole la tortura. L'obiettivo specifico è quello di dividere o separare i bambini. Il bambino entra poi in uno stato dissociativo. Lo si vede subito quando gli occhi del bambino diventano vitrei, chiusi o persi nel vuoto... Il dolore scompare e il bambino si blocca e si rilassa. È così che questi criminali creano alcune personalità alterate (T.D.I.)*". (*Wir sind die Nicki(s)* - ze.tt, 2020)

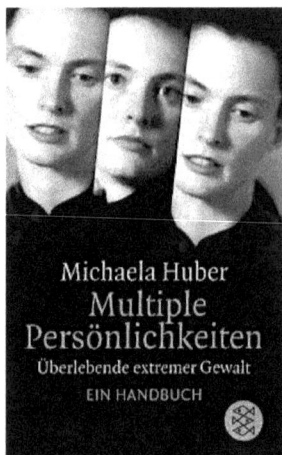

In uno dei suoi libri, Michaela Huber definisce il controllo mentale basato sul trauma come segue: "*La programmazione nel contesto del trauma è un processo che può essere descritto come un apprendimento sotto tortura. La metafora "**programmazione**" è certamente di origine informatica e in questo contesto rappresenta ciò che gli psicologi chiamano **condizionamento**. Ciò significa che la persona che è stata "programmata" deve reagire in modo stereotipato a determinati stimoli. In questo caso, la reazione della persona a uno stimolo è automatica, quindi non si tratta né di un riflesso naturale né di una reazione cosciente e volontaria. **Per raggiungere i suoi scopi, il programmatore, che chiamerò torturatore, ha sfruttato il fatto che la sua vittima fosse un bambino piccolo, preferibilmente già dissociato, con una personalità scissa, per portare a termine il processo di apprendimento torturandolo.** La tortura può includere abusi fisici, sessuali ed emotivi e la vittima viene spesso minacciata di morte se non obbedisce. Una volta che la vittima è stata programmata su , è possibile controllarla utilizzando gli stimoli che le sono stati "impiantati"*". (*"Multiple Persönlichkeit, Überlebende extremer Gewalt", Ein Handbuch - Fischer*)

Nel 2009, il **dottor Lowell Routley** ha descritto questo tipo di controllo mentale durante una conferenza a Ginevra, in occasione del congresso internazionale annuale dell'*ICSA* (*International Cultic Studies Association*). Ecco un estratto dell'introduzione: "*Questi sopravvissuti hanno imparato a*

dissociarsi in età molto giovane attraverso alcune pratiche transgenerazionali trasmesse all'interno delle famiglie. L'uso della socializzazione traumatica è progettato per compartimentare la mente del bambino, mantenere la segretezza e conservare lo status quo. L'asfissia, la privazione, l'isolamento e il dolore sono noti per dissociare il bambino, assicurare la conformità comportamentale, sopprimere l'autonomia e l'identità, creare un'amnesia sulle attività anormali e una fedeltà indiscussa (...) il terrore mantiene e rafforza la compartimentazione dissociativa. Il grado di dissociazione che si produce nella mente della vittima è determinato dall'età in cui si è verificata la socializzazione traumatica, dalla sua frequenza e intensità". (Restoring The Lost Self: Finding Answers to Healing from Traumatic Socialization and Mind Control in Twenty-first Century Neurocognitive Research).

La canadese **Lynn Moss-Sharman**, sopravvissuta e fondatrice dell'omonima associazione e giornale "*The Stone Angels*", portavoce dell'ACHES-MC Canada (*Advocacy Committee for Human Experimentation Survivors & Mind-Control*), ha dichiarato in un'intervista rilasciata a Wayne Morris nel 1998 che **la Massoneria è un denominatore comune nelle testimonianze di abusi rituali e di controllo mentale**: "*Ci siamo resi conto che una grande percentuale di vittime era stata coinvolta anche in abusi rituali massonici. I loro padri o nonni erano massoni o Shriner (Rito Scozzese) in diverse parti del Paese. Abbiamo iniziato a esaminare la questione più da vicino perché sembrava esserci un denominatore comune. Nel 1995, a Washington, si sono tenute delle udienze in cui i sopravvissuti agli esperimenti di controllo mentale infantile hanno testimoniato, per cui la cosa è diventata di dominio pubblico. Siamo stati quindi in grado di presentare pubblicamente informazioni su le pratiche di controllo mentale che erano state*

descritte da alcuni sopravvissuti... Si è iniziato a stabilire un collegamento con l'esercito e, ancora una volta, la Massoneria è stata un denominatore comune. Le ricerche del dottor Stephen Kent, sociologo dell'Università di Alberta che studia le pratiche occulte e le religioni deviate, hanno dimostrato che la Massoneria sembra essere la società segreta che ritorna sempre quando queste attività occulte vengono esposte nelle testimonianze delle vittime o degli investigatori. Abbiamo presentato queste informazioni sulla Massoneria, e le abbiamo pagate in molti modi (...) C'erano conversazioni in merito che si svolgevano durante le riunioni, la paura era di questa connessione massonica. Ho pubblicato alcuni piccoli annunci sul "Globe & Mail" a questo proposito, oltre ad annunciare le prossime conferenze. Queste poche parole sulla connessione massonica hanno generato telefonate e lettere da parte di vittime di tutto il Canada. Persone che si descrivevano come sopravvissute ad abusi rituali massonici, che vivevano ancora nel terrore. Erano sempre figlie di massoni di rito scozzese, figlie di shriner. Dai quattro angoli del Canada, queste persone cominciarono a testimoniare sui ricordi di ciò che potrebbe essere descritto come una sperimentazione sul controllo mentale. Tutto ciò iniziò a manifestarsi nel novembre 1994. Quando la conferenza di Thunder Bay attirò l'attenzione dei media - in effetti l'evento ebbe un'ampia copertura mediatica - il premier Bob Rae ricevette fax dai massoni di tutta la provincia che si lamentavano di ciò che gli Angeli di Pietra stavano facendo a Thunder Bay (...) ci fu una protesta pubblica da parte dei massoni perché non erano autorizzati a partecipare alle nostre conferenze... (Intervista con Lynn Moss Sharman, Wayne Morris, CKLN-FM - Mind Control Series Parte 16)

Le seguenti informazioni sono tratte da un riassunto della tesi di **Ann-Marie Germain** "L'*abuso rituale, i suoi effetti e il processo di recupero utilizzando metodi e risorse di auto-aiuto e concentrandosi sull'aspetto spirituale del danno e del recupero*", presentata il 30 marzo 1993 alla Southern Illinois University di Carbondale (USA): "*Mio padre era un massone di 32° grado e uno Shriner. La maggior parte delle conversazioni tra lui e me da adulti si svolsero tra il 1974 e il 1977; eccone un estratto*:

Lui (il padre): *Nei templi fanno cose che non si possono fare in una loggia.*

Io (Ann-Marie): *Cosa c'è di male? Che tipo di cose?*

Lui: *Non posso dirtelo... Fanno cose brutte e tutto viene tenuto segreto.*

Io: *Cosa c'è che non va, papà?*

Mi dispiace, Ann... Mi dispiace tanto. Non lo sapevo. Non ne avevo idea. Non sapevo quanto fosse grave.

Io: *Scusa per cosa?*

Lui: *Davvero non ti ricordi? No?*

Io: *Beh, non so cosa dire, perché non so di cosa stai parlando...*

Più tardi :

Lui: *Ho bisogno che tu mi perdoni...*

Io: *Perché?*

Lui (con le lacrime agli occhi): *Non posso dirti...*

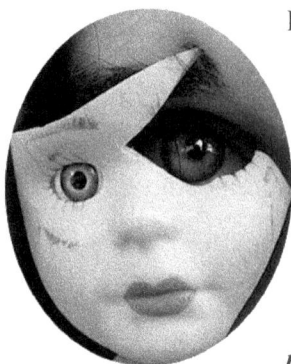

Possiamo pensare che il padre, che aveva giurato sul segreto massonico, non potesse rivelare queste cose per fare ammenda, fino a quando la figlia stessa non ne avesse preso coscienza accedendo ai suoi ricordi traumatici (amnesici). Ann-Marie Germain ha raccontato alcuni dei ricordi traumatici che le sono tornati in mente: **"*L'anno scorso, durante un trattamento medico per un'infiammazione all'occhio destro, mi è tornato in mente un ricordo in cui i miei assalitori mi punzecchiavano nell'occhio e mi dicevano che me lo avevano***

tolto e che non me lo avrebbero rimesso finché non avessi giurato obbedienza perpetua al *"Dio Pene"* (culto fallico). *Avevo già visto sparire dei bulbi oculari e sapevo che non stavano scherzando... così ho promesso".* Ann-Marie Germain ha anche descritto un ricordo traumatico di quando era bambina e si trovava in fondo a una tomba... o un rituale che prevedeva canti, vesti incappucciate, incenso e torce.

La testimonianza di **Lynn Brunet** è particolarmente interessante perché mette il dito sulla questione della **doppia personalità degli abusatori** che praticano rituali traumatici e controllo mentale sui bambini. **Suo padre, anch'egli massone e rosacroce, abusò di lei quando era molto giovane.** Ecco alcuni estratti della sua testimonianza: *"Con il passare degli anni, mi sono ricordata degli abusi sessuali subiti da mio padre quando ero bambina (...) Ho anche scoperto che l'abuso sessuale e l'incesto si erano intrecciati nella storia della famiglia per almeno tre generazioni (...).(...) Dall'esterno, la mia famiglia sembrava abbastanza normale, ma il peso accumulato di questa storia familiare, piena di traumi e tensioni, era un fardello pesante da portare per ogni generazione (...) Negli ultimi anni, man mano che gli enigmi della mia esperienza venivano risolti, ho cercato di parlare con loro di ciò che ricordavo. Fortunatamente per me, mia madre è stata in grado di ricordare la notte in cui mio padre mi violentò all'età di quattro anni e quindi di convalidare le dichiarazioni di sua figlia. Tuttavia, l'abuso rituale era al di là della loro comprensione, il che è comprensibile per molti versi. A metà del 2004 mio padre ha iniziato a sviluppare il morbo di Alzheimer. Durante il periodo iniziale del disturbo, in uno stato alterato di coscienza, iniziò a parlarmi del lato oscuro del suo coinvolgimento massonico.* **Mi**

confessò di essere a conoscenza dell'esistenza di alcuni gruppi che utilizzavano i rituali massonici in contesti violenti per iniziare i bambini. Mi disse: "Ci sono molti di questi gruppi, molte persone ne sono a conoscenza, ma non ne parlano perché è imbarazzante". Le sue conversazioni con me si alternavano a quelle coerenti in cui mi raccontava del suo coinvolgimento con altri uomini in questi gruppi. A volte, la sera, riusciva a uscire dalla casa di riposo e iniziava ad arrampicarsi sugli alberi come un soldato in missione per, a suo dire, osservare le attività della setta al fine di "far uscire i bambini dalla setta". Questa "missione strategica" durava quindici giorni, finché non pensava di aver recuperato tutti i bambini. Dopo di che sembrò molto soddisfatto di ciò che aveva ottenuto e tutti i segni del suo tumulto interiore si calmarono (...) *I ricordi relativi alle attività massoniche irregolari erano chiaramente da attribuire a una certa parte della sua psiche che normalmente non è accessibile alla coscienza* e forse in quel momento si erano intrecciati con le sue esperienze di guerra. È possibile che, sollevando questa questione, io abbia gettato mio padre in un conflitto interiore, dato che la sua perdita di memoria era iniziata proprio dopo il mio confronto con lui. Tuttavia, il suo breve periodo di onestà nei miei confronti ha indubbiamente contribuito a un processo di guarigione reciproca. Questa confessione, unita alla conoscenza dell'Ordine massonico che ho potuto acquisire, ha riportato la

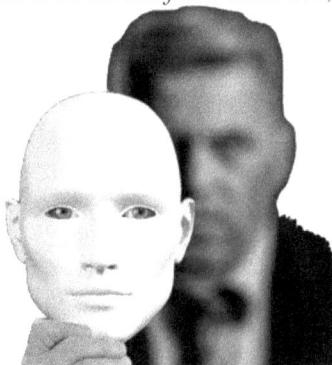

*mia attenzione lontano dalla rabbia verso l'uomo stesso. **Sono ora portato a comprendere i principi che stanno alla base di queste antiche pratiche "magiche", che dividono la psiche di questi uomini in due: da un lato, cittadini e uomini devoti, e dall'altro, la più puerile, assurda e crudele delle creature umane".*** (*Terrore, trauma e l'occhio nel triangolo* - Lynn Brunet, 2007) - **Dr. Jekyll e Mr.**

La psiche divisa in due o la **via del camaleonte**, l'animale che cambia colore a seconda dell'ambiente. Questo è legato al **fenomeno della personalità multipla**, in cui l'individuo è in grado di adattarsi a diverse situazioni con diverse alterità. La facciata pubblica e benevola non è consapevole (separata da pareti amnesiche) delle attività occulte delle personalità alter che si trovano nelle profondità del sistema interno.

I sopravvissuti al controllo mentale spesso riferiscono che le loro famiglie (di solito di alto livello sociale) conducono una vita pubblica perfettamente normale e rispettabile, con il padre della famiglia che ha un personaggio pubblico particolarmente adorabile, mentre allo stesso tempo si cela in lui una personalità che non potrebbe essere più sadica o criminale...

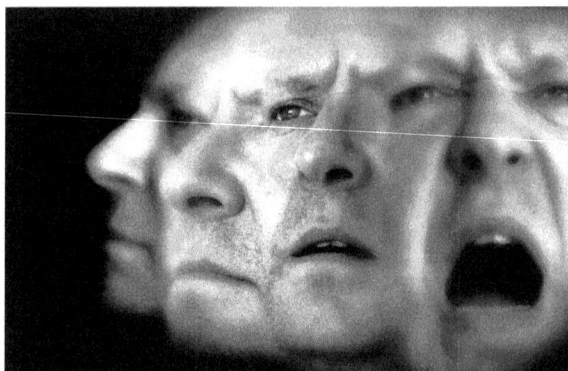

È il caso di **Cisco Wheeler**, collaboratrice di Fritz Springmeier, il cui padre - massone di 33° grado - aveva un'immagine esteriore risplendente, amava la sua famiglia e faceva un buon lavoro nell'esercito. Ma in privato, suo padre si rivelò un formidabile torturatore che praticava la programmazione mentale attraverso i traumi sulla sua stessa prole... Secondo lei, egli stesso era "***programmato multiplo***", il che significa che aveva subito traumi estremi da bambino, deliberatamente provocati per scindere la sua personalità: "*Fin dalla mia prima infanzia, sono stato addestrato a servire come schiavo sessuale per la cosiddetta 'élite' della vita politica (...)* Mio padre era un genio, ma era anche un genio.... *Mio padre era un genio in tutti i sensi, aveva un lato gentile... Era un satanista e un musicista. Lavorava per la CIA ed era un massone di 33° grado. A proposito, ci sono ancora molti gradi superiori a questo! Era un prigioniero, come lo ero io...*

In fondo, c'è stato un momento della sua vita in cui sapeva davvero cosa stava facendo. All'esterno, mio padre era molto buono. Amava la sua famiglia, faceva un buon lavoro nell'esercito, amava le persone e le persone lo amavano. Ma credo che ci sia stato un punto di svolta nella sua vita, quando si è reso conto di chi era e di cosa stava facendo davvero in segreto. Alcune barriere interne sono crollate, fino al punto in cui ha finalmente capito... Ma credo che pensasse che fosse completamente fuori di sé. Cambiare direzione gli sarebbe costato la vita. Era andato troppo oltre...". (Intervista a Cisco Wheeler, Wayne Morris, CKLN-FM - Serie Controllo Mentale Parte 22)

Kathleen Sullivan, sopravvissuta ad abusi rituali e al controllo mentale, descrive nella sua autobiografia i radicali cambiamenti di personalità (stati dissociativi) sperimentati dai suoi genitori quando maltrattavano la figlia: "*Ogni volta, usava un lenzuolo*

bianco per appendermi a una trave. **Quando lo faceva, la sua voce diventava quella di una bambina.** Sembrava che stesse rievocando ciò che qualcuno le aveva fatto quando era bambina. **Poi, stranamente, la sua voce divenne quella di una persona anziana che diceva cose orribili su di me** (...) In diverse occasioni, mi rinchiuse anche in una scatola di legno in cantina. A volte trascorrevo ore e ore chiusa nel dolore dentro quella scatola angusta. Quando scendeva a prendermi, mi "salvava" dalla scatola e mi chiedeva come fossi arrivata lì. **Sembrava non ricordare e non potevo dirle che era lei la responsabile** (...) Papà, che era ingegnere elettrico, usava alcuni dei suoi attrezzi elettrici per torturarmi in cantina. **In quei momenti, la sua voce e le sue espressioni facciali cambiavano. Sorrideva in modo strano e la sua voce si alzava di mezza ottava.** Anche se mi faceva molto male, mi sentivo protettiva nei suoi confronti, perché non era più un adulto. In ognuna di queste situazioni traumatiche, **il fattore determinante era che i miei genitori diventavano come degli estranei smemorati. Facevano cose che poi sembravano non ricordare. Ecco perché penso che entrambi i miei genitori avessero delle personalità alterate che commettevano atti di cui non erano pienamente consapevoli".**

(Unshackled: A Survivor's Story of Mind Control - Kathleen Sullivan, 2013)

In un'intervista a Jeff Wells pubblicata nel 2005, Kathleen Sullivan, che è stata sfruttata sessualmente, afferma: "*Conosco diversi politici che, in privato, sono* **regrediti in alter ego di bambini** (...) *A quel punto, il loro vocabolario è diventato più semplicistico e hanno usato un pensiero più concreto che astratto.* **Anche le loro voci e i loro volti diventavano più giovani.** *Non mi piaceva quando si capovolgevano in quel modo, perché questi alter ego erano brutali e sadici. Era più probabile che perdessero il controllo di sé e mi facessero cose particolarmente orribili. In quei momenti, dimenticavano chi ero e mi trattavano come se fossi una donna della loro vita passata che odiavano*".

Queste dichiarazioni confermano le testimonianze di alcune prostitute di lusso riportate nel libro di Sam Janus "*A sexual profile of men in power*". Questo studio si basa su oltre settecento ore di interviste a squillo di lusso sulla costa orientale degli Stati Uniti, **i cui clienti erano rappresentanti di spicco del mondo della politica, degli affari, della legge e della giustizia.** La maggior parte di loro era adepta di una "*sessualità altamente perversa*" di tipo sadomasochistico e scatofilo. **Secondo le prostitute intervistate, molti di questi uomini estremamente influenti e ambiziosi regredivano letteralmente a uno stadio infantile dopo le sedute. Per esempio, volevano essere tenuti**

in braccio, allattati e trattati come bambini... (*"Per una psicologia del futuro"* - Stanislav Grof, 2009)

La sopravvissuta **Bryce Taylor**, autrice del libro "*Thanks for the Memories*", racconta che anche il padre che abusava di lei aveva una personalità frontale del tutto insospettabile. All'esterno si comportava come un uomo affascinante, ma nessuno avrebbe sospettato quello che poteva fare in privato, le torture che infliggeva ai suoi figli per dividerli e programmarli. **Lui stesso soffriva di gravi disturbi dissociativi**: "*Credo che mio padre sia diventato un 'programmatore multiplo' come risultato degli orribili rituali satanici a cui era sottoposto. Ma non credo che fosse consapevole di ciò che stava facendo quando mi ha programmato, poiché non tutte le parti (alter) erano consapevoli della totalità delle sue azioni. So che aveva una personalità multipla... L'ho visto passare da una personalità infantile all'altra e da ogni tipo di entità nel corso degli anni*". (Intervista con Brice Taylor, Wayne Morris, CKLN-FM - Serie Controllo Mentale Parte 23)

La psicologa clinica **Ellen Lacter**, con sede a San Diego, in California, ha dichiarato nel 2008: "*Ho sentito alcune storie incredibili sulla Massoneria, molti abusi orribili sembrano accadere nelle logge massoniche. Ci sono ovviamente molti individui potenti legati alla Massoneria e credo che molti abusi rituali avvengano all'interno delle logge stesse. Non sto dicendo che tutti i massoni pratichino questi orrori, non credo. Infatti, non ho modo di sapere se gli abusi rituali che si verificano nelle logge massoniche siano in qualche modo parte della struttura stessa della Massoneria, o se siano il risultato di individui che usano questa struttura per i propri scopi. Resta il fatto che molte vittime, a mio avviso molto credibili, affermano che i loro aggressori erano massoni di spicco*".

Nell'agosto 2007, **Samantha Cooper** ha testimoniato pubblicamente alla decima riunione annuale del gruppo S.M.A.R.T.. A questa sopravvissuta agli abusi rituali domestici e al controllo mentale è stato diagnosticato un disturbo dissociativo dell'identità. Ecco alcuni estratti della sua testimonianza:

"Mio nonno paterno, il mio bisnonno, mio padre e mio zio erano massoni di alto livello. I miei ricordi di esperienze settarie sono incentrati su queste persone. Mio fratello, mia sorella e io siamo stati coinvolti in rituali di culto. C'era l'incesto con i genitori, ma anche i parenti stretti erano aggressori, e c'era anche la pedopornografia. Il comportamento di mia madre era totalmente irregolare ed era estremamente difficile vivere con lei perché la sua psicologia era così instabile e imprevedibile. Mio

padre era lontano da casa per la maggior parte del tempo. Quando era presente, il suo comportamento oscillava da un atteggiamento molto energico e attento a uno di ritiro, di allontanamento e di silenzio, come se non fosse più consapevole delle cose che lo circondavano (...) Credo che i protocolli di controllo mentale siano iniziati quando avevo circa cinque anni. Credo che i miei genitori siano stati pagati per sottoporre me e mia sorella, che eravamo già dissociate, a questi programmi (...)

*I sentimenti di paura e vergogna legati ai ricordi e alle minacce inflitte alla bambina che ero, sono elementi molto dissuasivi che mi hanno spinto a seppellire ancora di più questi ricordi in me stessa. C'erano affermazioni come "**Nessuno ti crederà**" o "**Sembrerai una pazza e ti rinchiuderanno per sempre**"; "**Sai che noi controlliamo questo posto**", ecc. Un'altra minaccia era che se ne avessi mai parlato o l'avessi ricordato, mi sarei "frantumata **in un milione di pezzi e nessuno sarebbe mai stato in grado di rimettermi insieme**", un argomento convincente per una bambina già internamente poliframmentata dal trauma (...) La paura è stata prima instillata in me dai miei genitori, poi rafforzata dalle mie esperienze traumatiche nella setta, e infine raffinata e regolata dai programmatori e dal loro controllo mentale. Approfittano della mancanza di comprensione e conoscenza di un bambino per manipolarlo e sfruttarlo (...)*

Semplicemente non avevo alcuna sensazione o ricordo di essere stato un bambino (...) L'unico modo che conosco per gestire la dissociazione e guarire dal trauma infantile è elaborare i ricordi traumatici in modo che diventino ricordi normali con una cronologia approssimativa. Costruisco ponti tra il mio passato infantile e il mio presente adulto .

In Inghilterra, abbiamo la testimonianza di **Aria** sul coinvolgimento di membri della polizia britannica in abusi sessuali su minori organizzati. A Londra, negli anni '90, **Aria racconta di essere stata costretta dal padre a partecipare a cerimonie in logge massoniche, dove è stata abusata ritualmente insieme ad altri bambini.** Aria parla di diversi luoghi in cui avvenivano gli abusi, tra cui un negozio a Brighton e un appartamento sopra il negozio di scarpe *Russel & Bromley* a Richmond, Londra. Suo padre e suo zio, entrambi massoni, partecipavano attivamente a rituali specificamente progettati per traumatizzare/frammentare i bambini e impedire loro di parlare. Nella sua testimonianza, la sopravvissuta Aria parla anche dell'uccisione rituale di un animale e, secondo lei, di un bambino. Descrive alcune delle tecniche utilizzate da questi gruppi occulti per traumatizzare e controllare le loro giovani vittime:

"Ricordo un sacco di strani abusi in queste riunioni, che erano come feste per loro.... Questo avveniva prima dei 12 anni (...) Un'altra cosa è successa con questo gruppo massonico, in un altro posto dove ricordo di essere stato portato una sera con altri bambini. Lì c'era una piscina. Lì sono stato sottoposto a un esercizio di annegamento. Mi gettarono in piscina, mi legarono e mio padre venne a "salvarmi" per potersi affermare come "persona affidabile" anche se era responsabile dell'abuso (...) *Ricordo solo che sprofondai sul fondo dell'acqua ed entrai in uno stato di assenza di tempo. Ero lì, era come un'eternità. La nozione di tempo era distorta, ricordo solo che a un certo punto... dovevo scegliere se rimanere in vita o morire. Ma sembrava molto tranquillo dall'altra parte, tutto sembrava molto più tranquillo dell'esistenza su questa terra (...)* Ricordo anche di essere stata portata da mio padre a fare la prostituta. C'erano molti bambini e bambine nudi. Gli mettevano dei guinzagli per cani al collo e li portavano in stanzette disgustose dove la gente, i malati, venivano a pagare... Questo era sopra il negozio di scarpe Russell & Bromley a Richmond. Avevo l'impressione che mio padre mi usasse per guadagnare soldi, e c'erano altri genitori che portavano lì i loro figli per le stesse ragioni. Penso che siano malati e che non abbiano alcuna

empatia. Sono concentrati sul denaro e sul potere. **La ragione più profonda è che probabilmente hanno subito lo stesso condizionamento da bambini, sono stati abusati così tanto che non ricordano quelle terribili sensazioni. Quindi non fanno altro che ripetere l'abuso alla generazione successiva. Penso che si siano completamente distaccati dalla sensazione di essere un bambino piccolo. Si sono totalmente identificati come abusatori** *(...) Ho subito abusi anche nella loggia massonica di Brighton (...) Ce n'era una a Surbiton, una a Brighton e la grande loggia nel centro di Londra, dove ho un altro ricordo estremo. È proprio nel centro della città, credo sia la loggia principale di Londra. C'era una cerimonia in corso, soprattutto ragazzi piccoli e io. Indossavano tutti i loro stupidi costumi massonici.* **Durante questa cerimonia con il consumo di sangue, un animale veniva sacrificato su un altare. La cosa peggiore di questo rituale era il modo in cui il sacrificio veniva eseguito. Volevano che tutti i bambini si unissero per pugnalare il povero bambino al cuore e ucciderlo... Così vogliono farvi sentire in colpa. Vogliono che il bambino pensi di essere lui stesso un carnefice. Vogliono caricarvi di sensi di colpa in modo che abbiate paura di parlare. All'improvviso vi fanno partecipare a qualcosa che non vorreste mai fare. Questo crea molti dubbi e ti impedisce di parlare... Ti senti come se fossi diventata tu stessa un abusatore. Lo stesso giorno, durante questa cerimonia, i massoni si sono riuniti con i bambini e con me. Sono andati in diverse stanze dietro l'altare, sul retro dell'edificio, per aggredire e violentare. C'era anche mio zio e fu lui a portarmi in una stanza per violentarmi. Per** loro era **normale...".** (*Aria parla degli abusi rituali* - karmapolice.earth, 2019)

L'attivista americana **Jeanette Westbrook**, sopravvissuta agli abusi rituali e al controllo mentale, ha denunciato pubblicamente gli abusi rituali a cui sarebbe stata sottoposta dal padre. Suo padre era un alto funzionario pubblico e direttore del National Board of Boiler and Pressure Vessel Inspectors degli Stati Uniti. In questa posizione, supervisionava le ispezioni di tutte le centrali nucleari degli Stati Uniti. **Era un massone iniziato** nella **Loggia massonica** *Jeffersontown #774* **del Kentucky**. Ecco cosa ha detto pubblicamente Westbrook di suo padre:

"Nel caso di questa particolare loggia, credo che ci siano delle prove perché altri due casi sono stati processati e sono stati condannati. Due aggressori erano legati alla stessa loggia massonica, di cui anche mio padre aggressore era stato membro per oltre 30 anni... C'è una correlazione? Sì, perché il simile attrae il simile (...) L'ultima aggressione di mio padre è avvenuta all'età di 24 anni. Questo è successo dalla prima infanzia fino all'età di 24 anni. Il processo di recupero della memoria è stato molto lento. Si ricordano solo alcuni episodi, o si hanno solo flash come un film visto da lontano, a volte con immagini molto chiare, a volte sfocate... Ho iniziato ad avere molti ricordi e flash dall'età di 28 anni, quando ho conosciuto e sposato mio marito (...) C'erano diversi tipi di abuso... Ecco un ricordo molto vivido

e chiaro, che ho disegnato, ma che ho anche raccontato all'ispettore di polizia quando ho presentato una denuncia contro mio padre: **sono stata appesa a testa in giù con delle corde, in un garage vicino a casa nostra. Ho ancora le cicatrici sulle caviglie... Sono stata anche minacciata con un saldatore, o appesa a testa in giù e penetrata con un oggetto... Altre volte sono stata svegliata nel cuore della notte per essere portata chissà dove e violentata... Poteva accadere a qualsiasi ora della notte, con persone che conoscevo o meno (...)**

Quando ne parlai con una persona della famiglia di mio padre, mi disse che era stata violentata da due membri di quella famiglia, che avevano violentato anche me quando ero bambina! **Sono riuscita a risalire ad almeno tre generazioni... La polizia ha anche avuto accesso alle fotografie e al luogo in cui sono stata portata da bambina per essere abusata ritualmente. Le prove sono lì...** Non solo il mio investigatore privato ha indagato, ma anche altri agenti di polizia mi hanno sostenuto e accompagnato davanti al pubblico ministero (...) **Penso che lui e i suoi fratelli abbiano cercato non solo di pervertirmi, ma**

anche di spezzare il mio spirito... di dividere il mio spirito in pezzi, di dividere la mia personalità... Mia sorella ricorda che mio padre mi chiamava con nomi diversi e si chiedeva perché... Era chiaramente consapevole delle mie diverse alterità (...) **Credo, anzi sono sicuro, che le organizzazioni che chiamiamo satanisti, club di pedofili, programmatori, siano molto ben informate sul sistema di difesa che è il Disturbo Dissociativo dell'Identità. Lo conoscono molto bene e lo creano deliberatamente per nascondere le loro perversioni. Lo usano per proteggere la loro identità. In questo modo io e tutte le mie alterità che subiscono abusi orribili e sadici possiamo alzarci al mattino per funzionare normalmente, andare a scuola e poi tornare a casa a vivere con gli abusatori. Gli attori dietro le quinte - il procuratore distrettuale, gli agenti di polizia che si occupavano del mio caso, il mio avvocato e altri membri dell'ufficio del procuratore distrettuale del Kentucky - sapevano tutti che si trattava di un caso di abuso rituale... Tutte queste persone erano convinte grazie alle numerose prove in mio possesso, ma anche con il supporto delle testimonianze delle altre vittime..."**.

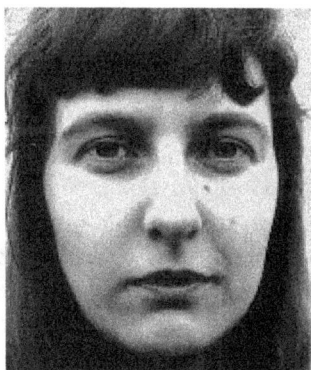

Ciò che Jeanette Westbrook descrive qui, quando afferma che il padre la chiamava con nomi diversi, corrisponde a un individuo - un iniziato - che coltiva gli stati dissociativi della sua vittima in un processo di controllo mentale. Egli rafforza così la scissione della personalità (T.D.I.) creata dai traumi estremi volti a sfruttare le diverse alterità.

Ritroviamo questo stesso protocollo in Belgio nella testimonianza di Régina Louf, testimone X1 nel caso Dutroux, che è stata esaminata da un gruppo di cinque esperti guidati dallo psichiatra Paul Igodt, i quali hanno concluso che Régina Louf soffriva effettivamente di un disturbo dissociativo dell'identità a seguito di abusi sessuali massicci.

Nella sua autobiografia *Silence on tue des enfants*, Louf descrive come un certo Tony (Antoine Vanden Bogaert) abbia letteralmente messo le mani su di lei fin dalla prima infanzia e come abbia iniziato a sfruttarla come schiava sessuale in un giro di pedofilia elitaria. **Tony era ovviamente ben consapevole dei processi dissociativi e sembrava addirittura coltivarli nella sua schiava**:

"A Knokke, a casa di mia nonna, gli adulti si accorsero che parlavo con le voci nella mia testa, che cambiavo rapidamente umore, o anche che a volte parlavo con una voce o un accento diversi. Anche se avevo solo 5 o 6 anni, mi resi conto che queste cose erano strane e non consentite. Così imparai a nascondere le mie voci interiori, i miei altri sé (...) **Tony era l'unico adulto che capiva che qualcosa non andava nella mia testa. Non gli dava alcun fastidio, anzi lo coltivava. Mi diede diversi nomi: Pietemuis, Meisje, Hoer, Bo. I nomi divennero lentamente parte di me. La cosa strana è che se nominava un nome, veniva subito chiamata la personalità che corrispondeva al nome.** *"Pietemuis" (topolino) divenne il nome della bambina che portò a casa dopo un abuso: una bambina spaventata e nervosa che lui riusciva a consolare parlandole in modo premuroso e paterno. Meisje" (ragazza) era il nome della parte di me che apparteneva esclusivamente a lui. Se mi maltrattava a letto la mattina presto, per esempio, o se non c'era nessuno nei paraggi. "Hoer" (puttana) era il nome della parte di me che lavorava per lui. "Bo" era la giovane donna che si occupava di*

*lui quando si ubriacava e aveva bisogno di cure. **"Ora lascia fare a me"**, diceva quando gli chiedevo con curiosità perché mi avesse dato così tanti nomi, e aggiungeva: **"Papà Tony ti conosce meglio di quanto tu conosca te stesso"**... Ed era tristemente vero. **Ed era tristemente vero.***

Chi ha iniziato questo Tony su come coltivare e sfruttare l'I.D.T. di Regina Louf? Dove ha appreso queste tecniche di controllo mentale? È lui stesso un membro di una società segreta? È lui stesso una vittima con una doppia personalità?

Passando attraverso lo specchio= dissociazione

Per ottenere questa *"illuminazione"* si ricorre a rituali traumatici estremi: la trascendenza del corpo fisico attraverso il fenomeno dissociativo. Il cuore della perversione satanica sta nello *"strappare l'anima"* della vittima per vampirizzarne l'energia e controllarne la mente. Non sono i rituali in sé che contano, ma i loro effetti a livelli superiori al mondo materiale...

Nel documento contenente le udienze e i verbali del caso Dutroux, già citato, possiamo leggere a pagina 261 la riproduzione di una lettera del 1996 che descrive le pratiche settarie pedocriminali di un gruppo di notabili:

Sette - Orge - Balletti rosa in Olanda. Lettera al Dipartimento di Giustizia olandese sulle sette in Olanda. In Olanda c'è un gruppo di 300 persone che forma una setta. Organizzano orge con minori (dai 3 anni in su).

Membri = avvocati - giuristi - giudici - poliziotti... Riunioni in tenute di campagna, alberghi o a casa di uno dei membri (...) Riunione il primo sabato dopo la luna piena e nei giorni di festa cristiana e di compleanno. Gruppi di 12 persone con bambini. **Stupro e tortura di bambini. Grandi assemblee = 50 adulti e 50 bambini - droghe, bevande, orge, stupri, registrazioni video di abusi su minori. I figli dei membri del gruppo partecipano alle feste. Questo crea personalità multiple nei bambini.**

A Natale viene simulato il sacrificio di un bambino di 1 anno, che viene maltrattato ma sostituito da una bambola quando avviene la vera tortura. La sepoltura simulata di un bambino di 15 anni come punizione. **Vengono indotte personalità multiple, ad esempio facendo credere ai bambini piccoli che è stato introdotto in loro un gatto, che crescendo diventa una pantera** che li sorveglia se vogliono parlare o lasciare il clan. **Queste personalità multiple sono mantenute dagli psicoterapeuti del clan. Le personalità multiple indotte permettono un controllo continuo, anche sugli adulti, creando un certo equilibrio. In questo modo tutti i colpevoli si trasformano in vittime...**

Questo ci riporta alla nozione di scissione della personalità negli individui coinvolti in queste reti elitarie, che iniziano i propri discendenti durante rituali traumatici...

Robert Oxnam ha trascorso più di un decennio alla guida della prestigiosa istituzione culturale americana *Asia Society*. È un membro *della* cosiddetta *"élite"*, al fianco di personaggi come Bill Gates, Warren Buffet, George Bush, ecc... **ma è anche multiplo...** in altre parole, la sua personalità è sdoppiata. Gli è **stato diagnosticato un disturbo dissociativo dell'identità** e ha scritto un'autobiografia intitolata *"A Fractured Mind"*. Nel 2005, il programma *60 Minutes della CBS News* ha realizzato un servizio su di lui per spiegare questo particolare disturbo mentale. Robert Oxnam ha avuto un'educazione molto rigida ed è stato sottoposto a grandi pressioni per avere successo sociale e professionale. Suo padre era un presidente di università e suo nonno era un vescovo e presidente del Consiglio Mondiale delle Chiese (WCC)... Suo nonno era nientemeno che **Garfield Bromley Oxnam**, un importante rappresentante della comunità protestante americana, leader della *Chiesa Metodista Americana* e amico dell'evangelista Billy Graham, entrambi impegnati in una campagna a favore di un liberalismo cristiano volto a stabilire una religione *"Una Chiesa per un* Mondo". **Secondo Fritz Springmeier, G. Bromley Oxnam e Billy Graham erano massoni di 33° grado coinvolti in abusi rituali satanici e controllo mentale...** John Daniel, nel suo libro *"Two Faces of Freemasonry"*, afferma che il nonno Oxnam raggiunse il 3° grado alla *Temple Lodge 47* di Greencastle il 22 novembre 1929 e ricevette il 33° grado onorario il 28 settembre 1949.

Così abbiamo Springmeier che negli anni '90 affermava, secondo le sue fonti, che nonno Oxnam era un alto iniziato massonico coinvolto in rituali traumatici... affermazioni mai provate... **poi, un decennio dopo** (nel 2006)**, abbiamo suo nipote, Robert Oxnam, che rivela pubblicamente di soffrire di un grave sdoppiamento della personalità... che è il tipico sintomo delle conseguenze di un abuso rituale traumatico finalizzato al controllo mentale.** Non è questa una forte indicazione che le fonti di Springmeier sono affidabili e che la famiglia Oxnam avrebbe praticato questi orrori sui propri discendenti? È possibile che Robert Oxnam sia stato sottoposto alla programmazione basata sui traumi di . Dopo i suoi brillanti studi, è stato promosso molto rapidamente nei principali media e "spinto" a una posizione prestigiosa ed elitaria...

Robert Oxnam era in *cima al mondo*, ma dentro di lui c'era un misto di depressione, rabbia e collera. **Da un lato c'era questo**

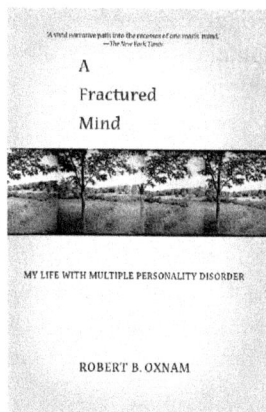

A
Fractured
Mind

MY LIFE WITH MULTIPLE PERSONALITY DISORDER

ROBERT B. OXNAM

sfavillante successo sociale e professionale, dall'altro un malessere permanente e una depressione che stava peggiorando. Negli anni '80, Oxnam è stato in cura per alcolismo e bulimia. I consulti con uno psichiatra per i suoi problemi di dipendenza e i **ricorrenti vuoti di memoria** non hanno migliorato nulla. A volte si svegliava con lividi e ferite su tutto il corpo, senza avere idea di cosa li avesse causati o del contesto in cui erano avvenuti. **Sembrava che avesse un'altra vita parallela...** Un giorno si ritrovò perso tra la folla della Central Station di New York, in uno stato di trance, e **sentì delle voci** che lo tormentavano, dicendogli che era cattivo, che era la persona peggiore che fosse mai esistita. Nel 1990, durante una seduta di terapia con il dottor Jeffrey Smith, **Robert Oxnam divenne improvvisamente un'altra persona... Il suo psichiatra riferì di un completo cambiamento nella voce, nell'atteggiamento e nei movimenti.** Durante una seduta, il dottor Smith riferì che le mani di Oxnam *erano come artigli* e che aveva una rabbia terribile. Questa rabbia derivava da un bambino chiamato "*Tommy*". Quando Smith disse a Oxnam cosa era successo durante la seduta, Oxnam rispose che non conosceva affatto *Tommy* e che non ricordava nulla di ciò che era accaduto nell'ufficio del terapeuta . Fu allora che il dottor Smith si rese conto di avere a che fare con un caso di personalità multipla.

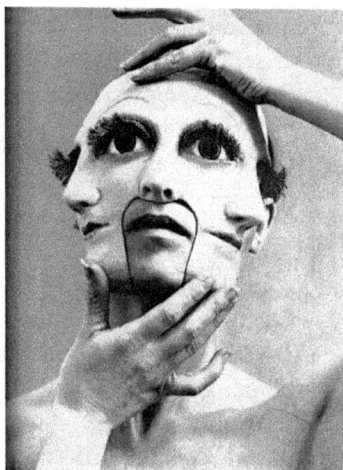

Nel corso della terapia, sono **emerse undici personalità alter egoistiche ben distinte e indipendenti l'una dall'altra.** Tra queste c'erano *Tommy*, un ragazzo arrabbiato, la *Strega*, un alter ego terrificante, e *Bobby e Robby*. *Bob* era la personalità dominante, in altre parole la personalità ospite: il volto pubblico, in questo caso un intellettuale che lavorava all'*Asia Society*. Nella sua vita pubblica, Robert Oxnam si occupava di affari, incontrando personalità come il Dalai Lama. **Ma questa vita pubblica non lasciava trasparire i suoi profondi disturbi della personalità**... Durante la sua terapia, un alter ego di nome *Baby* gli ha riportato alla **mente ricordi di abusi subiti durante l'infanzia. Si trattava di gravi abusi sessuali e fisici,** sempre accompagnati dalle parole: "*Sei cattivo, questa è una punizione*".

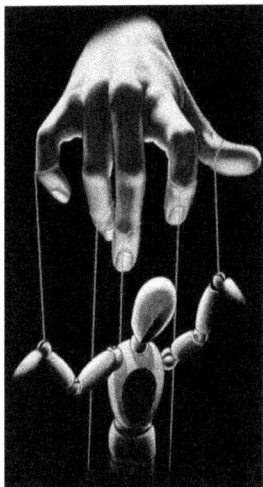

Robert Oxnam ha subito abusi rituali massonici? Ha subito una scissione intenzionale della personalità da bambino? Apparteneva a una di quelle famiglie elitarie che praticano un controllo mentale sistematico sulla loro prole? Da dove viene il terrificante alter ego di "*Strega*"? In ogni caso, il suo caso dimostra chiaramente come **un individuo possa avere un disturbo dissociativo dell'identità pur conducendo affari ad alto livello e mantenendo una facciata pubblica perfettamente normale**. È a questo che si riferisce Fritz Springmeier quando parla di *schiavi sotto un controllo mentale totalmente impercettibile*, per descrivere questi individui **volontariamente scissi e programmati**? ("*A Fractured Mind: My Life with Multiple Personality Disorder*" - Robert B. Oxnam, 2006)

Sembrerebbe che l'iniziazione traumatica dei bambini in alcune logge abbia lo scopo di creare un bacino di individui più o meno programmati mentalmente e quindi in grado di servire i progetti massonici nel prossimo futuro. Nell'adolescenza e nell'età adulta, il bambino che ha subito l'abuso rituale - e il controllo mentale che ne consegue - riceverà tutto il sostegno e il denaro necessario dalla rete per essere strategicamente iniettato nella società, dove apparirà con una personalità di facciata (il *dottor Jekyll*). L'obiettivo è quello di collocare individui "sicuri" in posizioni chiave, poiché gli "anelli deboli" sono fuori discussione in un tale sistema di controllo globale.

A proposito della doppia vita *"massonico-schizo"*, il caso di una persona importante con un sospetto di sdoppiamento della personalità è stato riportato dal dottor Richard Kluft nel suo libro *Childhood Antecedents of Multiple Personality*. Il Dr. Kluft descrive la storia di un uomo di 22 anni che è stato sottoposto a un esame psichiatrico da parte di un giudice, durante il quale è stata presa in considerazione la possibilità che soffrisse di un disturbo dissociativo dell'identità. L'uomo era sotto processo per l'omicidio del padre . Ha detto alla polizia che il padre era **un noto farmacista** e un "pilastro" della comunità locale, ma che era **coinvolto nello spaccio di droga e aveva legami con la criminalità organizzata.** Sulla base delle dichiarazioni dell'imputato, della sua famiglia e di sua moglie, è **stato riscontrato che il padre era molto probabilmente affetto da un disturbo dissociativo dell'identità. È stato descritto all'indirizzo come un uomo imprevedibile che andava in escandescenze inopportune con cambi di voce e comportamenti insoliti. Sia l'imputato che alcuni membri della sua famiglia hanno riferito che il padre si comportava** come *se fosse "due persone diverse"*, **sostenendo di essere sia uno** *"spacciatore di droga"* **che un** *"pilastro della comunità"* - **vale a dire, aveva un'attività criminale occulta da un lato e una facciata pubblica molto rispettabile dall'altro** - Dr Jekyll & Mr Hyde. Mr Hyde - La storia non ci dice se fosse un massone, ma il suo status di noto farmacista e "pilastro della comunità" suggerisce che appartenesse a una qualche loggia.

CBS News
Dr. Richard Kluft

Possiamo anche citare **Jacques Heusèle**, un altro caso di notabile che conduceva una doppia vita estremamente compartimentata. Massone e membro devoto del **Rotary Club**, Heusèle era un prospero agente assicurativo di Arras che conduceva una doppia vita completamente sconosciuta alle persone a lui vicine. Un'esistenza parallela legata a un giro di prostituzione e probabilmente all'organizzazione di balletti rosa (pedocriminalità)... **Solo dopo la sua morte** (omicidio) **la sua famiglia ha scoperto e capito chi era veramente** - Dr Jekyll & Mr Hyde -...

Tuttavia, la storia non ci dice se Heusèle soffrisse di uno sdoppiamento di personalità o di un disturbo dissociativo dell'identità. Va ricordato che fu in questo caso che l'avvocato Bernard Méry si sentì rispondere da un giudice: "*Maître, non c'è niente da fare in questo caso, c'è la massoneria... Che cosa vuole fare con la massoneria?*

In Inghilterra, abbiamo il caso *Waterhouse* (noto anche come *Lost in Care* o *scandalo degli abusi sui minori nel Galles del Nord*). Si tratta di uno dei più grandi scandali di abusi su minori del Regno Unito. Decine di ex residenti di case di accoglienza per bambini in Galles hanno raccontato agli investigatori di abusi terribili: "*abusi gravi e sistematici*", secondo la polizia.

Una delle tante vittime, **Keith Gregory**, ha subito due anni di abusi psicologici, fisici e sessuali da bambino nella casa di *Bryn Estyn*. Keith Gregory, ora consigliere comunale di Wrexham, ha **raccontato di essere stato regolarmente portato dal personale della casa di riposo in un albergo dove è stato abusato sessualmente da gruppi di uomini e che si trattava di un giro di pedofilia elitaria**. I bambini soli delle case di riposo sono sempre stati bersaglio di queste reti dell'orrore... (si veda il caso analogo dell'orfanotrofio di Jersey "*Haut de la Garenne*").

Keith Gregory ha dichiarato alla *BBC5* Radio di essere convinto che gli abusatori siano sfuggiti alla giustizia **grazie ai loro "*legami massonici*". Egli sostiene che i politici, i giudici e i capi della polizia accusati di aver violentato i bambini in questi orfanotrofi del Galles sono sfuggiti alla giustizia perché la maggior parte di loro erano massoni...**

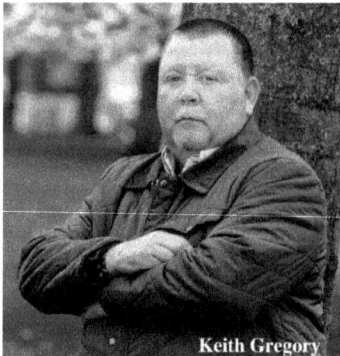

Keith Gregory

Bill Brereton, allora vice capo della polizia del Galles del Nord, raccomandò vivamente che un **organismo investigativo esterno e indipendente determinasse se una rete massonica avesse potuto proteggere i pedofili massoni coinvolti in questo caso**... una richiesta che fu rapidamente respinta dai suoi superiori. Inoltre, quando l'avvocato delle vittime, Nick Booth, ha cercato di proporre il *"fattore massonico"*, è stato subito rimproverato per aver messo in dubbio l'integrità del tribunale di Sir Ronald Waterhouse... lui stesso massone. Quando Nick Booth ha semplicemente chiesto al giudice Waterhouse di determinare se qualcuno degli investigatori, degli avvocati o dei testimoni legati al caso fosse massone, questa trasparenza è stata respinta senza alcuna giustificazione... Booth ha poi spiegato che "**il dovere di lealtà di un** *Fratello Massone* **e il suo dovere di imparzialità, se è coinvolto nell'amministrazione della giustizia, devono essere messi a verbale**".

Sir Ronald Waterhouse

Pubblicata nel 2000, l'indagine della Commissione Waterhouse, che si è concentrata sugli abusi avvenuti negli orfanotrofi stessi, ha concluso che non ci sono prove a sostegno di una rete criminale di protezione o pedofilia su larga scala. Per Waterhouse, tutti questi stupri di minori erano casi isolati, e naturalmente non erano coinvolti personaggi pubblici... Mentre questa Commissione era stata incaricata di determinare la natura delle *"disfunzioni"* in alcuni orfanotrofi del Galles, essa si proponeva di smontare sistematicamente le accuse delle vittime, che denunciavano un sistema organizzato che andava oltre l'ambito delle case.

La Commissione Waterhouse ha soppresso prove essenziali per coprire una rete?

Se si considera che i massoni giurano di proteggere i loro *fratelli* qualunque cosa accada, l'integrità dei tribunali viene messa in discussione, poiché il potere giudiziario e l'alta gerarchia delle forze dell'ordine sono in gran parte, se non totalmente, soggetti alla Loggia (sotto giuramento massonico)...

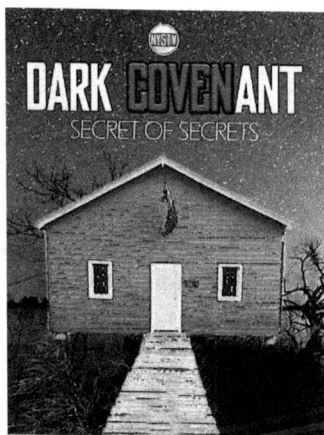

La sfera istituzionale in grado di applicare una vera giustizia: giudici, avvocati, alti funzionari di polizia o di gendarmeria sono per la maggior parte attualmente collegati o direttamente iniziati a questa rete di società segrete massoniche. Questo è uno dei motivi per cui oggi è così difficile ottenere procedimenti giudiziari in questo tipo di casi. **Le istituzioni della "giustizia" con cui sperate di proteggere i bambini... in realtà sembrano lavorare contro gli interessi dei bambini, come hanno dimostrato numerosi casi...**

Nel 1990, a Evansville, Indiana (Contea di Vanderburg, USA), un sordido caso di rituali pedofili fu messo a tacere, come di consueto. All'epoca, la cosiddetta **"Casa blu satanica"** ricevette una copertura nazionale, in particolare con il programma televisivo *A Current Affair*, che descrisse Evansville come un *"parco giochi del diavolo"*.

Nel 2017, **Jon Pounders** di *NYSTV*, in collaborazione con **David Carrico** (autore di *The Egyptian Masonic Satanic Connection*), ha prodotto un documentario (*Dark Covenant - Secret of Secrets*) che descrive in dettaglio l'affare *Blue House*, che ha ricevuto pochi o nessun riferimento nel mondo francofono. Per motivi legali, il documentario non menziona la connessione massonica di questo caso, ma i produttori affermano in via ufficiosa che gli accusati sono tutti legati alla Massoneria.

Jon Pounders sostiene che *le persone coinvolte in questa Casa Blu, in particolare il preside della scuola, il cui nome è più citato, ma anche funzionari pubblici, tutte queste persone coinvolte nell'abuso e nell'insabbiamento della vicenda erano massoni, senza eccezione. Erano tutti massoni, e il dossier è pubblico.*

Una delle vittime testimonia:

Quando avevo 8 anni, mi portavano via da scuola... il preside entrava in classe e diceva all'insegnante che ci portava a un corso speciale per "imparare". Ci portavano in questa Casa Blu. Non abbiamo mai avuto giustizia... Il pubblico ministero non ha mai avviato un'indagine nonostante tutte le testimonianze si sovrapponessero. Non ne abbiamo parlato con nessuno perché anche noi eravamo minacciati di guai, per tutto quello che avevamo fatto... Ma eravamo solo ragazzi".

I bambini di Evansville hanno raccontato di essere stati prelevati da scuola per essere sottoposti a **violenze pedo-sataniche rituali** in quella che hanno definito una Casa Blu. Secondo le vittime, **questi rituali comportavano abusi sessuali e sacrifici di sangue.**

Rick Doninger, il principale difensore dei bambini, ha dichiarato:

"Tutti i bambini della Casa Blu hanno dichiarato di essere stati maltrattati dai massoni. Il pubblico ministero si è rifiutato di aprire un'indagine. Perché ha fatto questo? È un mistero!"

Doninger ha anche dichiarato che l'indagine era stata affidata ad agenti di polizia che erano anche massoni...

Le numerose testimonianze che si sovrappongono, così come **gli esami medici e psicologici che confermano la veridicità degli abusi e dei traumi,** non hanno impedito al procuratore Stanley Levco di dichiarare al giornalista di *"Current Affair"* che *non credeva* alle parole dei bambini e che quindi non avrebbe aperto alcuna indagine...

Nonostante le numerose testimonianze e prove, il caso non è mai stato portato davanti a un tribunale e non è stato effettuato alcun arresto, lasciando le piccole vittime ancora una volta nella solitudine dell'ingiustizia.

David Carrico afferma che "*la cosa più frustrante di questa vicenda è che c'erano dodici bambini che sono stati intervistati da* **Bill Welborn** *(ex procuratore) e da* **Sue Donaldson** *(direttrice del dipartimento di psicologia dell'Università di Evansville) che ha intervistato sei di loro:* **questi bambini hanno detto tutti la stessa cosa, senza conoscersi, hanno dato tutti la stessa testimonianza**. *In particolare, hanno parlato di due massoni che li hanno portati in questa casa per i rituali...* **Questo è stato confermato dal punto di vista medico in ospedale, e l'abuso è stato riconosciuto. C'è una bambina che sostiene che il preside l'ha violentata nel suo ufficio con un oggetto...** *Questa bambina è stata visitata in ospedale e lo stupro è stato confermato dal punto di vista medico! Ci sono segni fisici, ci sono testimonianze multiple, ma non c'è un'azione penale!*".

L'avvocato Bill Welborn ha riportato in *Current Affair*: "***Prima di tutto, c'erano molti bambini che riferivano di pratiche molto simili. La seconda cosa è la somiglianza dei segni fisici*** *dell'abuso. Molti di loro sono stati aggrediti e feriti in modi identici.*

I bambini hanno riferito di essere stati sottoposti a **sessioni di scosse elettriche durante la visione di foto, con lo scopo di invertire il bene e il male rinominando la foto nel suo esatto opposto; proprio come mettere la mano sotto l'acqua calda e dire loro che era qualcosa di freddo** per loro. Alcuni hanno detto: *"Non sapevamo più distinguere il bene dal male"*. Hanno raccontato di essere stati costretti a guardare animali morti e macellati in casse, costretti a ingoiare il proprio vomito se si ammalavano per aver mangiato gli animali sacrificati. **Qui troviamo rituali occulti volti a eliminare ogni nozione di bene e di male, a conferma che si trattava di pratiche ispirate a una certa gnosi propria delle società segrete.**

Sue Donaldson, all'epoca docente di psicologia presso la University of *Southern Indiana*, ha rilasciato dichiarazioni pubbliche al programma televisivo *Current Affair*. Ha esaminato sei di questi bambini e tutti presentavano cicatrici simili: "*Quando ho visto il primo bambino, mi sono chiesta se non fosse stato lui stesso a farlo. Quando ho visto il secondo, poi il terzo, il quarto e così via, fino al sesto, avevano tutti queste cicatrici nello stesso punto.* **Dicevano che erano stati tagliati nella Casa Blu dagli insegnanti che li avevano ritirati da scuola**".

Dopo i colloqui psicologici e gli esami fisici, Sue Donaldson non poté più rifiutare le loro parole: "A **questi bambini è successo qualcosa** ", disse. **Per lei era evidente che questi bambini avevano subito un trauma, ma non sapeva esattamente di cosa si trattasse. Ha confermato che i bambini erano gravemente traumatizzati...**

Un membro dell'associazione per la protezione dei bambini "*Children of the Underground*" ha aiutato uno di questi bambini (Sarah Jane Wannamaker) e sua madre a fuggire ad Altanta per sfuggire alla custodia del padre presumibilmente violento. Sarah aveva rilasciato dichiarazioni precise e dettagliate sugli abusi rituali satanici:

omicidi, cannibalismo, preghiere ai demoni, minacce di *tagliarla a metà*, ecc. All'epoca, questo membro dell'associazione dichiarò che Evansville sarebbe stata un nido di satanisti transgenerazionali. L'area è anche nota come roccaforte massonica...

Sarah ha raccontato che **i carnefici filmavano tutti i loro rituali, minacciando i bambini con foto se avessero parlato.** Ha menzionato un presunto omicidio sacrificale di bambini perpetrato dal preside della scuola (Shriners), che avrebbe tagliato le gambe alla vittima. È stato riferito che la piccola Sarah stava forse sviluppando un **disturbo dissociativo dell'identità**, in quanto passava da un personaggio all'altro mentre testimoniava. Ha descritto una ventina di adulti che indossavano toghe blu o nere con cappuccio. Ha disegnato simboli egiziani, simili ad alcuni ornamenti massonici presenti su grandi edifici del centro di Evansville. La ragazza ha affermato che tenevano i bambini in barattoli e che **ogni atto compiuto su un bambino era registrato su una pergamena.**

Quasi ogni volta che un caso di "*abuso rituale satanico/massonico*" viene portato in *tribunale*, il caso viene immediatamente archiviato come infondato... Questo blocco giudiziario potrebbe convalidare l'esistenza di una struttura di potere che va oltre il sistema legale ufficiale. È questa la nozione *di Stato nello Stato* (o *Stato profondo*) che Sophie Coignard ha denunciato nella sua indagine sulla Massoneria? Jon Pounders dice a questo proposito: "*Il problema è che quando si ha questo tipo di caso in cui un massone protegge un massone, in cui un giudice è egli stesso un massone, e così via, è molto difficile per un pubblico ministero o un investigatore andare a fondo della questione. Persino un pubblico ministero o un investigatore che*

voglia portare a termine le cose a volte non ci riesce. È spaventoso perché molte di queste persone - massoni - sono agenti di polizia... A Evansville, nell'Indiana, più della metà delle forze di polizia sono iniziate alla massoneria, quindi il loro giuramento massonico prevale sul giuramento di servire e proteggere il popolo. È un grosso problema anche in politica...".

Quando si confronta con le nozioni di satanismo/lucifero, magia/sorteria, sacrificio di sangue, demonologia, magia sessuale, società segrete, ecc. l'ateo si trova di fronte a un muro ideologico; descriverà quindi queste questioni soprannaturali come irrazionali, superstiziose o arcaiche. Sono intellettualmente/spiritualmente impotenti per iniziare a comprendere le pratiche rituali pedocriminali dell'occultismo più oscuro. È un passo che deve essere fatto prima di poter iniziare ad afferrare questa dura realtà...

Il dottor Stephen Kent ha dichiarato: "*Mi preoccupano soprattutto alcuni gruppi deviati all'interno della Massoneria. Per me è abbastanza plausibile immaginare massoni deviati che attingono ad alcuni scritti estremisti di Aleister Crowley o che interpretano alla lettera alcune delle sue affermazioni sui bambini e sul sesso, o alcune delle sue affermazioni sul sacrificio di bambini o adulti, e le incorporano nei loro rituali".*

Nel suo libro *Do What You Will: A History of Anti-Morality*, Geoffrey Ashe scrive che Aleister Crowley era "*come tre o quattro uomini diversi".*

Lo stesso Crowley ha descritto i suoi stati alterati di coscienza in cui si confrontava con altre entità immaginarie, dissociative o spirituali. Lo stesso Crowley aveva una personalità multipla, una personalità scissa da un trauma infantile? Aveva un disturbo dissociativo dell'identità? Nel suo libro *Magick in Theory and Practice*, Crowley sostiene l'autopunizione mediante scarificazione con una lama di rasoio. I terapeuti che lavorano con i sopravvissuti agli abusi rituali riferiscono che l'autolesionismo tramite scarificazione è la caratteristica più comune dei pazienti con gravi disturbi dissociativi. Il dolore e il rilascio di endorfine fornito dalla scarificazione è un mezzo - di solito inconscio - per dissociare e alleviare l'infelicità interiore.

Aleister Crowley si unì all'*Ordine Ermetico* della Golden Dawn nel 1898, per poi essere espulso dalla società segreta nel 1900. Nel 1901, uno scandalo colpì la Golden Dawn quando Theo Horos (Frank Jackson) e sua moglie furono accusati di aver violentato una ragazza di sedici anni. All'epoca, **il giudice concluse che la coppia aveva usato i rituali della Golden Dawn per sfruttare sessualmente i minori.** Secondo Richard Kaczynski, autore di *"Of Heresy And Secrecy: Evidence of Golden Dawn Teachings On Mystic Sexuality"*, **le pratiche di magia sessuale erano comuni all'interno di questa società segreta. La magia sessuale è un insegnamento comune a tutte queste logge luciferiane.**

La Golden Dawn è stata creata in seguito alla scoperta di misteriosi documenti germanici. Si trattava di manoscritti in codice che furono decifrati e trascritti da uno dei membri fondatori dell'Ordine, il dottor William Wyn Westcott, massone.

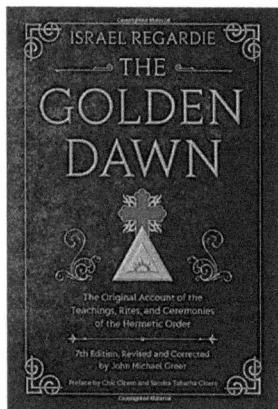

In seguito si sospettò che i documenti fossero stati falsificati e, per chiarire la questione, l'autore di "*The Magicians of the Golden Dawn*", Ellic Howe, inviò le traduzioni di Westcott a un esperto di grafologia. **L'esperto concluse che Westcott probabilmente soffriva di un disturbo di personalità multipla (disturbo dissociativo dell'identità) a causa dei suoi stili di scrittura distintivi.** Nel suo libro "*Quello che dovreste sapere sulla Golden Dawn*", Gerald Suster, un avvocato della Golden Dawn, ha contestato la tesi del disturbo di personalità multipla, osservando che anche un altro membro di spicco dell'Ordine, Israel Regardie, aveva uno stile di scrittura che poteva variare e che non gli era mai stata diagnosticata una personalità multipla o un qualsiasi disturbo psichiatrico... **Un'interpretazione di queste variazioni di scrittura è che entrambi gli uomini abbiano disturbi dissociativi causati da esperienze rituali traumatiche. I terapeuti specializzati in disturbi dissociativi descrivono bene come un cambiamento nello stile di scrittura nella stessa persona sia un indicatore che può indicare il passaggio da una personalità all'altra.** ("Cult & Ritual Abuse" - James Randal Noblitt & Pamela Perskin Noblitt, 2014, p.141)

- Il dottor Jekyll e il signor Hyde -

Abbiamo già parlato dell'**Ordo Templi Orientis** (OTO) e delle sue pratiche occulte di magia sessuale. Questa società segreta (una sotto-struttura della Golden Dawn), che può essere definita massonica perché fondata da due massoni e basata sullo stesso schema e terreno gnostico, è stata più volte denunciata **come una vera e propria rete pedocriminale.**

La psicologa australiana **Reina Michaelson**, premiata nel 1996 per il suo lavoro di prevenzione degli abusi sessuali sui minori, **sostiene che in alcuni rituali dell'O.T.O. i bambini vengono letteralmente massacrati.** L'O.T.O. ha portato la Michaelson in tribunale per queste accuse e ha vinto la causa.

Dr Reina Michaelson

La psicologa aveva dichiarato, secondo le sue fonti, che questa società segreta era una *rete di pedofili*, alcuni dei cui membri praticavano abusi rituali che comportavano magia sessuale, controllo mentale basato su traumi e produzione di pedopornografia. La psicologa ha anche affermato che *questo culto satanico aveva un grande potere perché era gestito da famiglie molto potenti e influenti*, e ha insinuato che politici di alto livello e altre personalità televisive facessero parte di una rete pedofila di alto livello coperta dalle autorità.

Nel 1995, l'O.T.O. è stata inserita nella lista delle sètte luciferiane in un rapporto parlamentare della commissione d'inchiesta sulle sette in Francia.

Grottaferrata e Frascati. Trovati i resti di decine di riti
one messe nere"
otessa di Satana riesce a fuggire

Nel suo libro *L'Enfant sacrifié à Satan (Il bambino sacrificato a Satana)*, il giornalista **Bruno Fouchereau** scrive: "*A Roma, in Italia, è stata rivelata l'esistenza di un gruppo O.T.O. che praticava lo stupro di bambini come parte dei suoi rituali, suscitando uno scandalo perché vi partecipava la gioventù dorata della città, oltre a* noti *avvocati...*".

L'inchiesta di Bruno Fouchereau riporta la testimonianza di **Samir Aouchiche**, vittima di una setta para-massonica chiamata "**Alliance Kripten**". Ecco un estratto del libro, che descrive una cerimonia dell'Alba Dorata **che coinvolgeva dei bambini** e a cui

Aouchiche ha partecipato: "Finalmente sono arrivati nella stanza. Ancora una volta, l'arredamento è cambiato. Le pareti sono ora rivestite di tessuto nero, le luci al neon sono spente e le luci alogene illuminano indirettamente la stanza. **Sul pavimento è disegnato un enorme triangolo color malva, al cui centro è stata posta una sorta di scacchiera. Ai lati del triangolo, due tipi di colonne alte circa due metri si ergono come obelischi. Una è bianca e nera, l'altra rossa e verde. In fondo**

alla stanza, di fronte all'ingresso, su una specie di piattaforma incorniciata da quattro candelabri, ci sono due grandi poltrone rosse e oro (...) **Ci sono cinque o sei bambini,** alcuni visibilmente accompagnati dai loro padri o da amici intimi. Un bambino di circa sei anni, che si rifiutava di lasciare la mano del padre, ha ricevuto uno schiaffo monumentale che lo ha fatto rotolare a terra tra le risate degli adulti, che erano chiaramente deliziati dalla vista di questo bambino mezzo stordito (...) Samir non poteva credere ai suoi occhi! Gli adulti sono vestiti in modo molto diverso.

La maggior parte indossa **grandi sari bianchi, alcuni sono verdi e rossi**. Altri sono **vestiti di pelle** (...) Altri ancora sono a torso nudo **ma indossano maschere**. In tutto sono una ventina, con abiti diversi. Sono tutti ammassati vicino alla piccola stanza adiacente all'auditorium. In questo caso, sembra fungere da guardaroba, dato che gli uomini e le donne escono tutti con abiti più o meno bizzarri, anche se sono entrati in abiti da strada.

Anche Ajouilark è lì, **avvolto in un saio rosso. Sul petto ha un enorme triangolo viola bordato di nero e sormontato da una croce bianca. Il suo volto è mascherato**, ma Samir conosce troppo bene i suoi occhi per non riconoscerlo (...) Suona una musica da messa e l'"Imperatore", seguito dal Comandante, si dirige verso la predella. Nel frattempo, Steerlarow sta preparando su piatti d'argento grandi quantità di quella che Samir scoprirà poi essere cocaina.

Ondathom prende il braccio di Samir per guidare lui, le ragazze vincitrici e gli altri bambini verso la parte anteriore del palco, dove tutti si mettono in fila. Gli adulti si distribuiscono, con una sorta di bonario umorismo, ai lati del triangolo, di fronte alle colonne e alla pedana (...) **Mentre i vassoi passano tra il pubblico, Ondathom e il cinese spogliano senza pietà i bambini. Alcuni singhiozzano, altri si schermano il viso come se si aspettassero di essere colpiti da un momento all'altro** (...) Le conversazioni vanno bene: un uomo con una maschera rossa si dichiara sensibile alle natiche di Samir, una donna vestita con una saie bianca non fa altro che elogiare i premiati di Steerlarow (...) Durante il discorso dell'Imperatore, Ondathom, con una pisside di rame in mano, **dà ai bambini un sorso di un liquido rosso amaro. Tutti si sentirono subito uguali. La testa gli girava. Non perdono i sensi, ma vengono improvvisamente avvolti da una sorta di nebbia. Gli adulti possono vedere gli effetti della droga mentre i bambini si accasciano l'uno sull'altro.** L'imperatore continua: "*Comandante, porta lo stendardo a est!*". Ajouilark prende lo stendardo in questione e lo posiziona sulla parete est della stanza. **Raffigura una croce d'oro con una T bianca sull'asse, che è anche il centro di una stella a sei punte composta da due triangoli, uno rosso e l'altro blu.** "*Comandante, porti il vessillo a ovest!* La bandiera occidentale è un triangolo dorato su sfondo blu con una croce rossa al centro.

Samir può vedere questi stendardi come attraverso una nebbia su , ma i simboli inscritti su di essi lo segneranno per sempre. L'Imperatore alza le braccia al cielo e chiude gli occhi per concentrarsi meglio (...) *"Infondi in questi giovani esseri (l'Imperatore sembra benedire i bambini) vigore e purezza, tu che sei il padrone dei poteri elementali che controlli, e che questi giovani esseri rimangano un vero simbolo della forza interiore e spirituale del nostro ordine"*. **Questo rituale è uno di quelli della Golden Dawn e sembra essere quello a cui Samir è stato sottoposto più spesso.** Samir non riesce quasi più a sentire le parole dell'Imperatore; si sente come se stesse cadendo, come se fosse finito in un vortice. Tutto gira, i volti si confondono e riesce a malapena a sentire il Comandante: *"**I corpi di questi bambini sono il pane che condividiamo. Essi nascondono i nostri legami e, attraverso la nostra sessualità finalmente liberata dal giogo degli oppressori giudeo-cristiani, ci purifichiamo, reintegrando il piano sacro dei cavalieri celesti dell'Ordine dell'Alleanza di Kripten. Il sesso e tutti i piaceri dei nostri sensi sono l'unica legge da soddisfare. Servitevi fratelli miei, nel nome di principe nostro signore, e onorate Thule...*"**. Il Comandante si è dato da fare e ha alzato la fusciacca, rivelando un cazzo in erezione. **Si avvicina a una bambina di circa dodici anni che singhiozza dall'inizio della cerimonia. La bambina resiste a stento (...) Già uomini e donne si sono fatti da parte per abbandonarsi al loro piacere, altri stanno afferrando i bambini... Samir si sente palpare, rivoltare come un calzino... poi sprofonda in una sorta di coma da sveglio, un'insensibilità totale, come se tutto questo non fosse vero, come se il suo corpo non fosse il suo corpo, come se fosse solo un osservatore di questo odioso incontro..." (Samir entra qui in uno stato di totale insensibilità, come se il suo corpo non fosse il suo corpo, come**

se fosse solo un osservatore di questo odioso incontro...).
(Samir entra qui in uno stato dissociativo)

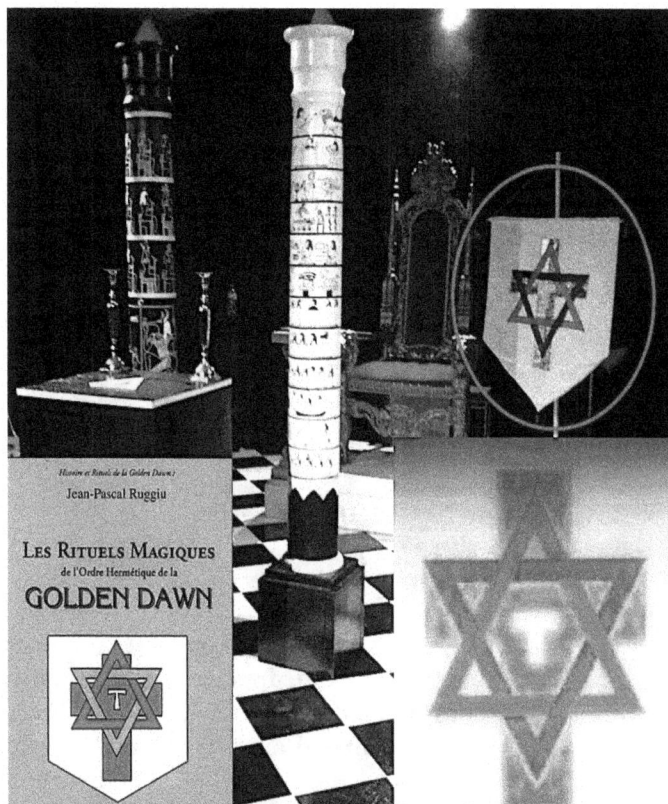

Si tratta di un rituale "**pedo-satanico**" che prevede lo stupro e la
tortura di bambini con il pretesto di una dottrina luciferiana che
si riassume in "*Fai ciò che vuoi è l'intera legge*". La setta
"Alliance Kripten" che pratica questi orrori sembra applicare alla
lettera i rituali della Golden Dawn, a sua volta derivata dalle sfere
massoniche... Come accennato all'inizio di questo documento, si
tratta di una *bambola russa* iniziatica in cui varie *scuole
esoteriche* si sovrappongono, alcune aprendo le porte ad altre in
un processo iniziatico altamente selettivo. **Non stiamo parlando
di "*deviazioni massoniche*" o di "*gruppi devianti marginali*",
stiamo parlando delle sette più profonde - e più elitarie -**

dell'essenza massonica, dove il **Bene** e il **Male** non esistono più...

Nel caso Alègre, le confessioni di un giudice sembrano confermare l'esistenza di questi gruppi settari ultraviolenti che praticano crimini rituali in Francia... **Pierre Roche, all'epoca presidente della Corte d'appello di Montpellier**, è morto nel 2003 in modo sospetto. I suoi figli, **Charles-Louis Roche** e sua sorella **Diane**, entrambi avvocati, sostengono che il padre sia stato vittima della rete in cui lui stesso era coinvolto. Poche settimane prima della sua morte, sentendosi minacciato e sotto pressione, il giudice si confidò con loro, raccontando le sue "turpitudini" in una forma di pentimento e di estremo senso di colpa. Descrisse i rituali criminali di questo gruppo settario ... Nel 2005, Charles-Louis Roche denunciò pubblicamente le macabre confidenze del padre: **"Era molto chiaro, nostro padre ci parlava di una specie di setta dietro la quale c'era una specie di corpus ideologico...**

Charles-Louis Roche

Come funziona questa setta? Le persone con potere vengono avvicinate; se non hai potere, non sei interessante. Quindi, dal momento in cui qualcuno ha il potere, può essere utile e potremmo considerare di reclutarlo, a patto che abbiamo individuato in lui la corruzione morale che lo renderà un membro adatto. L'ultima cosa da fare è reclutare qualcuno che potrebbe sciogliere il gruppo o denunciare ciò di cui è stato testimone. Quindi reclutiamo persone che sembrano interessanti e nelle quali **abbiamo individuato questa sorta di vocazione, che definirei diabolica... Iniziamo invitando questa persona a feste meno estreme di quelle a cui**

parteciperà in seguito, ma durante le quali la rinchiudiamo filmando ciò che accade durante queste feste. In questo modo ci assicuriamo la futura fedeltà del membro e che non parli mai con nessuno. Poi passiamo a cose sempre più serie... La morale, se posso dire, o l'ideologia che sta dietro a questo gruppo, è molto seria in termini di ciò che rivela della nostra società...

In questo gruppo viene detto loro che tutte le regole che sono state messe in testa fin dall'inizio, a scuola, nella società, ecc. sono limitazioni alla loro libertà, che impediscono loro di raggiungere la *quintessenza della razza umana*, e che quindi devono rifiutare tutte le regole, a partire dalle leggi, dalla morale e dalla decenza. C'è la necessità di trasgredire queste regole, di violare, a volte letteralmente, tutti i tabù per sfondare quella sorta di serrature che ci sono state messe in testa fin dall'infanzia. È così che si inizia con lo stupro e la tortura e si finisce con l'omicidio... Ecco quindi persone che, dopo di ciò, diventano completamente sfrenate, imbevute dei loro poteri, e che sono portate, incoraggiandosi a vicenda, a spingersi sempre più in là nell'orrore (...)

Nostro padre ci ha parlato di persone provenienti dal mondo della medicina, persino dalle università. Questo gruppo segreto reclutava molte persone provenienti da ambienti legali, e persino ufficiali di polizia di alto livello erano molto considerati. Si trattava quindi di un gruppo segreto le cui attività consistevano nel condurre cerimonie di qualche tipo nella massima segretezza, combinando pratiche strane e uniformemente disgustose come il sesso di gruppo e la scarificazione... Evocava immagini che facevano rizzare i capelli. Parlava di carne carbonizzata, di bruciature di sigaretta, di carne trafitta. Ci ha raccontato che le persone venivano torturate, **a volte anche uccise durante queste sedute...** C'erano persone malate che richiedevano questo tipo di trattamento, ma c'erano anche **persone non consenzienti, a volte bambini, che venivano prima torturati, poi messi a morte, il tutto filmato e oggetto di un traffico di video illegali che venivano commercializzati sotto copertura a prezzi folli.** Ci ha detto che le prede di questo gruppo di predatori dell'alta società venivano reclutate negli strati più bassi della società, nelle categorie di persone che non sarebbero mai state ricercate. Parlava di prostitute, parlava di "*barboni*", e cito il termine usato da un magistrato. A volte parlava anche di clandestini, a seconda di ciò su cui potevano mettere le mani, immagino. In altre parole, persone che hanno interrotto i legami con il loro ambiente o che non hanno un'esistenza legale, persone che nessuno andrà a cercare o sulle quali qualsiasi indagine sarà più o meno destinata a fallire fin dall'inizio. **Naturalmente, i membri di questo gruppo, per le posizioni influenti che occupano, sono in grado, se certi casi minacciano di venire alla luce, di bloccare sul nascere manipolando le leve a loro disposizione, soprattutto perché si tengono tutti per la** collottola...".

Nel 2008, Charles-Louis Roche ha tenuto una serie di conferenze gratuite al Théâtre de la Main d'Or di Parigi. In esse l'avvocato ha descritto i retroscena delle nostre istituzioni, basandosi sulle rivelazioni fatte da suo padre. Patrice Alègre, che i media hanno dipinto come un serial killer solitario, poteva essere solo un fornitore di "carne fresca" per la rete *della Fratellanza* nella regione di Tolosa?

"Volete sapere cosa c'è dietro tutti i casi di cui abbiamo sentito parlare negli ultimi anni? Alègre, Dutroux, Fourniret, le sparizioni dell'Yonne e tutti gli altri di cui non si sente mai parlare... beh, seguono tutti lo stesso schema (...) Il *serial killer* è una spiegazione molto comoda, è il perfetto informatore. È il pazzo che ha fatto tutto! Perché? Perché è un pazzo, andate avanti, non c'è niente da vedere, non guardate oltre. Soprattutto, non cercate di risalire ai nostri Padroni, che sono le menti dietro l'Alègre, Fourniret e consorti, che sono solo gli esecutori della cinquantina, fornitori di carne fresca per le loro serate all'inferno! **Alla base di questa vicenda c'è la protezione politica accordata a pedofili e rapitori, fino ai più alti livelli di governo. Una lista di settantuno giudici pedofili, tenuta segreta dalla Cancelleria, continua a godere di questa protezione ancora oggi. Settantuno giudici pedofili, coperti e ancora in carica! Direi addirittura che sono ancora più coperti e in carica perché sono diventati così utili! Ora che** abbiamo un fascicolo su di loro e che sono su un sedile eiettabile, faranno esattamente ciò che chi è al potere dice loro di fare.

Lo psicosociologo e scrittore **Christian Cotten** ha incontrato i figli del giudice Pierre Roche in diverse occasioni. Charles-Louis e Diane gli hanno raccontato nei dettagli le dichiarazioni del padre su questo gruppo settario nella regione di Tolosa; dichiarazioni che Cotten aveva già sentito da alcuni agenti di polizia:

"Di cosa parlano, in poche parole? Parlano di quelle che qualcuno potrebbe definire "pratiche sataniche"... Sembra che il padre abbia raccontato di aver preso parte a **cerimonie rituali, organizzate e strutturate, condotte da quelli che Charles-Louis chiama "celebranti". Quindi abbiamo a che fare con qualcosa che si avvicina a pratiche "religiose"**, in cui le

persone sembrano riunirsi per avere un'esperienza collettiva con pratiche di sessualità di gruppo (...) Il problema inizia quando iniziano a parlarci di torture, di vari abusi praticati sui partecipanti, e poi soprattutto quando iniziano a dirci che un certo numero di queste cerimonie finisce con la morte (...).) Non stiamo parlando di persone che potrebbero essere ritenute affette da varie e diverse patologie psichiatriche... no, stiamo parlando di giudici, politici, finanzieri, accademici, uomini dei media... **In altre parole, di notabili che si riuniscono attraverso una sponsorizzazione reciproca di generazione in generazione. Ricordo di aver sentito la stessa cosa da agenti di polizia in pensione che mi hanno raccontato esattamente le stesse storie, spiegandomi che un certo numero di politici era legato a questo tipo di sistema mafioso attraverso pratiche sessuali collettive che terminavano con omicidi rituali...** E purtroppo riconosco nelle testimonianze di Charles-Louis e Diane esattamente quello che mi hanno raccontato questi agenti di polizia. Ciò che mi disturba veramente della testimonianza di Charles e Diane su è che sembra essere totalmente legata all'affare Allègre, fin dall'ambiente socio-professionale del loro padre, il signor Pierre Roche. Ritroviamo gli stessi nomi, gli stessi magistrati (...) È necessario ricordare che l'affare Allègre a Tolosa ha riguardato 190 omicidi irrisolti nell'arco di dieci anni, molti dei quali sono stati mascherati da falsi suicidi dagli stessi "esperti"

(medici legali), che possiamo legittimamente chiederci se non facessero parte del gruppo a cui Pierre Roche sostiene di aver appartenuto (...).) Come è possibile che in quella che chiamiamo una repubblica democratica, uno Stato di diritto, i sistemi istituzionali possano portare a questo tipo di pratiche... Non ho una risposta a questa domanda, mi chiedo solo...".

È nei Grandi Misteri delle società segrete contemporanee che troviamo le spiegazioni di queste pratiche rituali, criminali, estreme e irrazionali...

L'ex capitano della polizia di Tolosa Alain Vidal, che ha condotto un'indagine parallela sul caso Alègre, ha riferito: "Queste serate si svolgevano in nei dintorni di Tolosa e anche in locali dei dipartimenti vicini. Va da sé che non si incontravano persone qualunque, ma persone relativamente benestanti come **dirigenti d'azienda (lavori pubblici, edilizia, concessionari d'auto, avvocati, politici, rappresentanti eletti, medici, notabili di ogni estrazione sociale, ecc.)** Uno di loro, particolarmente violento, si travestiva da monaco per soddisfare le sue fantasie... **Non dimentico alcuni miei ex colleghi, o gendarmi, indubbiamente meno abbienti, ma in grado di fornire qualche piccolo servizio...**

Secondo una hostess, a volte c'erano fino a settanta persone per serata, preferibilmente con le maschere (ma al buio le maschere cadevano da sole), in modo che tutto il "beau monde" potesse riconoscersi. Si dice addirittura che ogni partecipante pagasse la somma di 4.000 franchi.

Un altro gruppo gnostico para-massonico che è stato accusato di pratiche **pedo-sataniche** e **crimini rituali** è il **Martinismo**, citato all'inizio di questo documento. La dottrina martinista, fondata in particolare da Martinès de Pasqually, è un esoterismo "cristiano" descritto come illuminista. **Il Martinismo è uno dei rami mistici e spirituali della Massoneria.** Poiché questi due ordini hanno basi comuni e un gran numero di affiliazioni reciproche dei loro membri, possiamo dire che sono intrecciati: l'iniziazione in una loggia massonica è generalmente il primo passo per accedere a scuole esoteriche come il Martinismo.

Société

Eux aussi, ils prostituaient leurs enfants

Un couple et une femme appartenant au réseau pédophile d'Angers viennent d'être arrêtés. L'enquête s'intéresse à d'autres milieux.

Véronique Liaigre è una delle vittime del giro di pedofilia di Angers, un caso balzato agli onori della cronaca nel 2001. **Véronique ha raccontato agli inquirenti che i suoi genitori la "affittavano" a persone facoltose...** Ha anche affermato di aver partecipato ad abusi rituali satanici all'interno di un gruppo martinista...

Il 5 luglio 2001, TF1 ha trasmesso un servizio su questo sopravvissuto, di cui riportiamo alcuni estratti:

Voce fuori campo: Véronique ha 20 anni e vive un inferno dall'età di 5 anni. Violentata e fatta prostituire dai suoi genitori, che ha denunciato e che sono in attesa di comparire davanti alla Corte d'Assise, è riuscita a fuggire da quelli che lei chiama i suoi carnefici. La sua storia non è ordinaria, e può sembrare addirittura inventata. Tuttavia, se è legittimo avere dei dubbi, quello che questa giovane donna ci ha raccontato e ripetuto spontaneamente è sconvolgente. **Soprattutto quando afferma, nonostante le minacce che dice le siano state rivolte, di aver frequentato una setta satanista, i Martinisti, e di essere stata torturata e seviziata.**

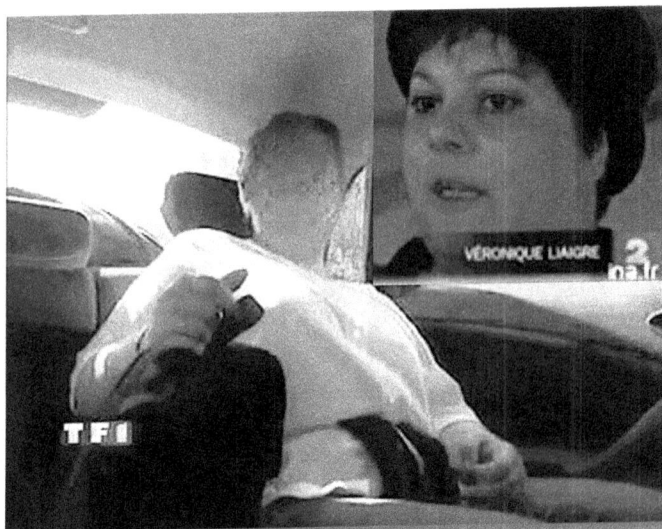

- Véronique Liaigre: **Ci picchiano, ci mettono degli oggetti negli orifizi, a volte vengono sacrificati dei bambini per ringraziare Satana, ci sono molte cose del genere... Uccidono un animale, versano il sangue sulla sua testa e mettono il resto in una cupola sull'altare.**

- Giornalista: Quindi, di fatto, i tuoi genitori, come tutti i genitori dei bambini di cui parli, hanno venduto i loro figli?

- VL: Esattamente, perché porta una certa percentuale di denaro. **Un bambino sotto gli 8 anni vale 22.000 franchi.**

- J : Da dove vengono questi bambini?

- VL : **I bambini che vengono sacrificati non sono dichiarati, o sono bambini stranieri.** In particolare quando ero ad Agen, erano piccoli africani, erano neri. Li ho visti anche a Jallais, e anche a Nanterre, ma erano bambini bianchi, francesi, **ma erano bambini nati da stupri (...) che non erano stati dichiarati. Venivano partoriti in casa dei genitori in condizioni spaventose (...)**

- J: Non solo facevi parte della setta, ma partecipavi anche a questi rituali...

- VL: Sì. Nel 1994, **io e due miei amici abbiamo dovuto sacrificare un bambino a Jallais sotto la minaccia delle armi**. Noi tre abbiamo dovuto ucciderlo... sotto la minaccia delle armi, perché se non l'avessimo fatto, saremmo stati... l'avrebbero fatto in modo ancora più violento e ci avrebbero fatto ancora più male. Quindi abbiamo dovuto farlo...

- J: E chi ti stava puntando una pistola?

- VL: "bleep" **per il responsabile del** "bleep" (...)

- J : Lei pensa che tutto questo sia una sorta di rete, di persone che si tengono strette l'una all'altra per non cadere...

- VL: È così, ed è anche per proteggerci, **perché dato che ci sono avvocati coinvolti, è vero che farebbe un po' di scalpore se si scoprisse che ci sono giudici e così via che fanno parte di questa rete**.

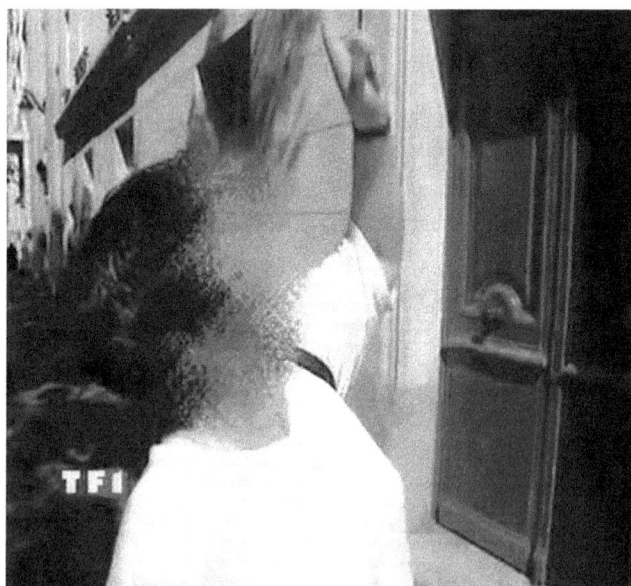

- Voce fuori campo: **Véronique ci ha portato in uno dei tanti luoghi dove, secondo lei, il 21 di ogni mese si svolgevano cerimonie sataniche.**

- VL (ai piedi di un edificio del centro città, davanti a una porte cochère): Sono stato qui diverse volte. Ricordo bene una volta, nel 1994, quando **ho assistito a un rito satanico che prevedeva l'uccisione di un bambino.** Siamo saliti al secondo piano. **Ci sono stati degli stupri, ci saranno stati 5 o 6 bambini, non era una riunione molto grande.** C'erano "bip" e "bip", c'erano molte persone, tra cui alcuni notabili di cui non conosco necessariamente il nome.

- J: E lei stesso ha attraversato...

- VL : **Sì, ero lì e ho sofferto...** Mio **padre era lì, ma mia madre non c'era quella volta.**

Per concludere questo capitolo dedicato alle testimonianze, ecco un estratto del dossier *"Le protocole des ignobles en robes noires"* (*Il protocollo degli ignobili in abito nero*) scritto dall'ex gendarme **Christian Maillaud**, alias **Stan Maillaud**, che da oltre quindici anni si occupa della criminalità pedofila in rete. L'uomo è ora, nel 2020, ingiustamente incarcerato da un sistema giudiziario che si è esaurito...

La riproduzione dei criminali pedofili, generazione dopo generazione

Esiste un fenomeno che il "grande pubblico" nemmeno conosce e che fa da sfondo alle questioni che trattiamo in questo dossier. **Si tratta del processo di "iniziazione alla pedofilia" cui sono sottoposti innumerevoli bambini in Francia e nel mondo.**

Come vedrete, questo concetto spiega da solo la *disfunzione* cronica della nostra istituzione giudiziaria.

È nel contesto delle "serate speciali" che il figlio di un "notabile" subisce sicuramente un processo formale di "iniziazione alla pedofilia". Ci sono molte testimonianze di bambini portati dai loro stessi genitori a "presentarsi" a queste serate speciali, dove vengono regolarmente violentati e torturati. Nella maggior parte dei casi, il genitore che infligge questi orrori al proprio figlio è un uomo, ma ci sono alcuni casi in cui può essere anche la coppia o solo la madre. È difficile immaginare una donna che abusa sessualmente di bambini, ma questo non significa che non accada. A seconda dell'entità e della durata del trattamento, la programmazione applicata ai bambini attraverso la violenza viene applicata anche alle ragazze, che poi diventano anch'esse predatrici una volta raggiunta l'età adulta (...)

I malati di mente che appartengono ai circoli "elitari" sono quindi invitati a portare i propri figli alle sedute per "prepararli" a diventare i predatori sottomessi in cui la rete vuole trasformarli, a grande gloria dei loro progenitori. Così, a seconda dell'"importanza", della loggia e del rango dei "notabili" in questione, questi bambini possono persino subire l'iniziazione all'omicidio sacrificale che i loro stessi progenitori hanno probabilmente subito da bambini, rendendoli ciò che sono oggi.

In questo caso, gli sfortunati figli sono destinati a officiare a un livello molto superiore alla media, probabilmente a livello politico (...) Per comprendere la portata del problema nella "nostra" società, è essenziale considerare che una vittima che non viene salvata diventa il più delle volte un carnefice a tutti gli effetti.

La sofferenza vissuta nei primi anni, sia fisica che psicologica, può essere tollerata a lungo termine solo se il soggetto finisce per aderire al trattamento che gli viene inflitto (a brevissimo termine può bastare il semplice occultamento della realtà, anche se le ripercussioni in termini di disturbi della personalità possono non essere troppo gravi).

Questa sofferenza, mai curata, di un bambino martirizzato a lungo termine e mai salvato, sarà poi sepolta nel subconscio, con il messaggio che stare al gioco del torturatore era l'unico modo per sopravvivere alle sue mostruosità. A questo punto, il "soggetto" sarà stato invitato a passare dal ruolo di vittima a quello di carnefice, giungendo all'indicibile consapevolezza che questo era l'unico modo per smettere di essere una vittima.

Questo processo ricorda anche la sindrome di Stoccolma, in cui l'ostaggio finisce per schierarsi con il sequestratore e aderire alla sua causa, in seguito al trauma subito, tra terrore e impotenza. La nozione di ingiustizia, da parte sua, entra nel subconscio del "soggetto" come una grande frustrazione, mai riconosciuta consapevolmente e quindi mai affrontata. Questa nozione non sarà mai stata resa cosciente perché il "soggetto" sarà stato portato a seppellirla nel suo subconscio, nascondendo anche questa nozione di ingiustizia e privilegiando l'unica via d'uscita, che era quella di diventare lui stesso un carnefice. Non dimentichiamo che per sopportare l'insopportabile, il cervello umano attiva un processo di negazione e occultamento dell'esperienza reale, che porta alla scissione della personalità. È molto facile per i torturatori ben informati, come le comuni vittime-sfruttatrici delle reti di papponi "classici", raggiungere la soglia di ciò che la loro preda può sopportare, al punto che la preda innesca naturalmente il processo psicologico di "sopravvivenza" che la trasforma in schiava incapace della minima ribellione.

Ma la sofferenza è ancora lì, profondamente sepolta nel subconscio di ogni vittima spezzata. Questa sofferenza e questi sentimenti li pervaderanno per il resto della loro vita. Per assorbire questa sofferenza e le sue frustrazioni inconsce, il "soggetto" sarà stato portato, incoraggiato dai suoi aguzzini nel corso degli anni, a sviluppare meccanismi, in fondo già naturali, di trasferimento su altri soggetti vulnerabili. Questo "soggetto" originario, ormai adulto, in assenza di una terapia approfondita, continua quindi a gestire la propria sofferenza attraverso l'aggressività sessuale, che il più delle volte riproduce sui propri figli.

Infatti, se l'ex vittima è stata a sua volta abusata da bambina dai suoi stessi genitori, è proprio la sua stessa prole che le permette di effettuare questo transfert, questa forma di "esorcizzazione" della sofferenza che ha vissuto. Questi processi psichici sono stati ampiamente studiati e decodificati per secoli da coloro che desiderano controllare l'umanità. Allo stesso tempo, il lavaggio del cervello e la manipolazione mentale applicati nelle riunioni di società segrete come la Massoneria, a certi livelli, diffondono la convinzione che la pratica di questo tipo di "magia sessuale", applicata anche ai propri figli, sia ciò che permette all'iniziato di esaltare il suo potenziale di dominio, preparando al contempo le generazioni future - la sua progenie - a seguire questo percorso di "eletto".

Questa sfortunata progenie è così programmata per diventare l'élite di domani, perfettamente squilibrata psicologicamente, un vero e proprio "dottor Jekyll e mister Hyde".

In questo modo i notabili in questione, i criminali pedofili della pseudo-élite e delle loro reti di influenza, riescono a convincere l'opinione pubblica, che è stata manipolata per farle credere che non esiste una rete pedofila se non quella di criminali isolati, esemplari mostruosi delle "classi inferiori". Ma, se il problema può essere evitato - o se non si tratta in realtà di una campagna di comunicazione organizzata dalla messinscena politica e giudiziaria - il criminale in questione sarà volentieri protetto da quello che sembra essere il braccio armato della rete: la magistratura!

C'è un altro schema oggi molto diffuso: il criminale con cui potreste avere a che fare, in qualità di genitore protettivo, appartiene a circoli di influenza come il rosacrocianesimo o la massoneria, da cui trae la sua impunità. Dietro le società segrete di questo tipo, troviamo un intero processo di cooptazione e di iniziazione rituale, che gradualmente e formalmente va verso il satanismo. Oltre il diciottesimo grado della Massoneria, i rituali diventano sempre più odiosi, arrivando fino al sacrificio di bambini.

Ovviamente, la stragrande maggioranza delle persone cooptate in queste società segrete non ha alcun dubbio iniziale sul coinvolgimento del crimine organizzato e del satanismo. Viene loro presentato come l'esatto contrario e, al culmine del machiavellismo, si parla di filantropia e carità. Solo salendo la scala, con il tempo, un massone capirà a cosa appartiene veramente. Nel frattempo, sarà stato profondamente compromesso, e avrà assaggiato i frutti avvelenati della dissolutezza e del potere, del crimine impunito, di quell'esclusivo sentimento di essere al di sopra della legge e delle "masse incolte e stupide" (...) prima di arrivare a quel punto, i membri vengono insidiosamente indirizzati verso le pratiche sessuali di gruppo, le orge così "alla moda" e apertamente applaudite da quella finzione politica che ci parla di "liberalismo". Le orge sono così diventate la forma di intrattenimento preferita dai "notabili". Al di là della "serata gioiosa", i soggetti coinvolti scivolano impercettibilmente verso la magia sessuale, molto apprezzata nel satanismo.

Per coloro che, ingenuamente, pensavano di divertirsi con gli amici della "upper crust", a un certo punto tutto cambia. Per gli iniziati ben informati di queste feste gioiose, l'espressione del loro potere è ancora più esaltata mentre vittime innocenti e prepuberi subiscono gli effetti delle loro pulsioni, con la perfetta impunità che il loro status riserva loro... Lo stupro dei puri e degli innocenti, con il relativo sacrificio, è l'espressione costante del dominio sugli altri, oltre che un supporto essenziale per il rituale satanico. Quanto più efferato è il crimine, tanto maggiore è il senso di impunità che vi si annette, dando all'autore una sensazione di potere supremo e, se necessario, un po' di cocaina toglie ogni capacità di ricomporsi.

Se tutti si tengono stretti i... baffi, in questo tipo di circolo privato, il gusto per il potere malsano sugli altri e la dissolutezza si sviluppano rapidamente nei membri gravemente compromessi. Essi scelgono di vedere solo il "lato buono" della situazione, immergendosi anima e corpo nell'abisso in cui vengono fatti precipitare quando passano attraverso i ranghi e si sottopongono ai rituali di iniziazione. Le pseudo-élites interessate, a seconda della loggia e del rango, arrivano ad apprezzare feste private in cui i bambini vengono stuprati collettivamente, alcuni addirittura torturati, a volte fino alla morte sacrificale (...) **La nostra indagine in corso su questa estensione del presente argomento sta cercando di dimostrare che queste pratiche sono diffuse in tutta la Francia, seguendo l'esempio del Belgio, proprio come il satanismo, e sempre, va sottolineato, a livello dei cosiddetti circoli di potere...**

L'emblema del Rito Scozzese rappresenta perfettamente questa nozione di dualità, di doppia personalità, attraverso la rappresentazione di un'aquila a due teste...

L'aigle à deux têtes, emblème du Rite Écossais Ancien et Accepté, figure sur cette bannière de l'orient de Valenciennes.

Proprio come Giano, l'antico dio romano dai due volti, caro ai massoni...

I figli della vedova e la schizofrenia

La psichiatria, e la schizofrenia in particolare, sembra essere di grande interesse per i *Figli della Vedova*...

Nel 1934, negli Stati Uniti, il Rito Scozzese della Massoneria si è unito alla Fondazione Rockefeller per finanziare la psichiatria genetica e ha inaugurato un programma di ricerca sulla schizofrenia. Da quando il **Programma di Ricerca sulla Schizofrenia del Rito Scozzese (SRSRP)** è stato istituito come fondazione di beneficenza, i finanziamenti hanno continuato ad aumentare grazie ai contributi dei membri della fraternità massonica. Dal 1934, sono stati stanziati oltre 6 milioni di dollari

per questo programma di ricerca sulla schizofrenia . L'obiettivo ufficiale del programma è quello di far progredire la comprensione della natura e delle cause della schizofrenia... All'epoca, l'SRSRP aveva sede presso il St Elizabeth's Hospital di Washington DC, sotto la guida del dottor Winfred Overholser, massone e membro di spicco dell'American Psychiatric Association, legato agli esperimenti di controllo mentale dell'esercito americano. L'ospedale St. Elizabeth fu in seguito noto per aver ospitato esperimenti di controllo mentale della CIA (MK-Ultra).

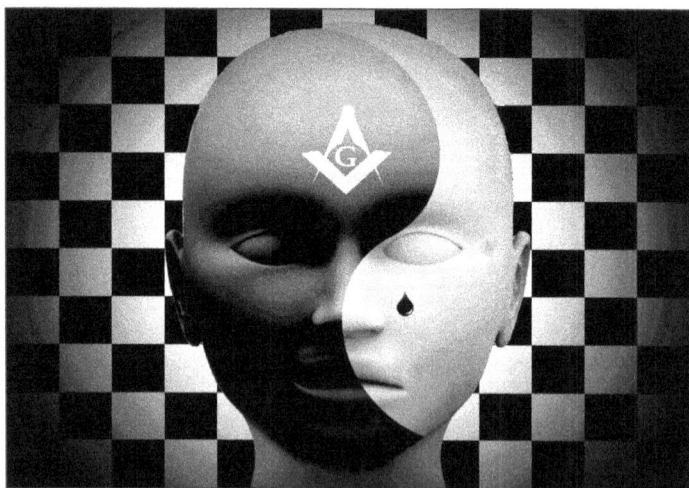

Le donazioni della Massoneria per lo studio di questi disturbi mentali furono destinate a progetti ben definiti (orientamento), piuttosto che al sostegno generale della ricerca. Uno di questi progetti fu quello di finanziare lo psichiatra eugenista Franz J. Kallmann per condurre uno studio su 1.000 casi di schizofrenia, con l'obiettivo di evidenziare il fattore ereditario di questo disturbo. Lo studio di Kallmann fu pubblicato contemporaneamente negli Stati Uniti e nella Germania nazista nel 1938. Ancora oggi, alcuni specialisti come il dottor Kenneth Kendler (che ha ricevuto anche il sostegno finanziario della Scottish Rite/SRSRP) pubblicano studi che affermano che la schizofrenia è di origine genetica, eliminando così la questione dei disturbi dissociativi e delle origini traumatiche.

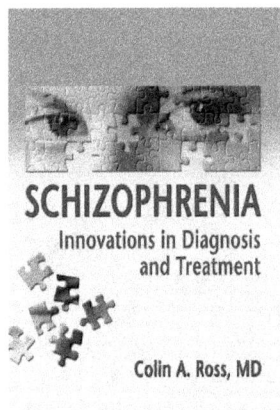

Il dottor Colin Ross confuta l'origine puramente genetica e denuncia la disonestà di questi studi cosiddetti "scientifici". Specialista in disturbi dissociativi, Colin Ross sostiene che molti pazienti affetti da "schizofrenia" presentano sintomi strettamente legati al disturbo dissociativo dell'identità. Pazienti che hanno anche una storia di traumi psicologici. L'affermazione che la schizofrenia ha una causa principalmente genetica esclude qualsiasi causa ambientale, in particolare i gravi traumi nella prima infanzia...

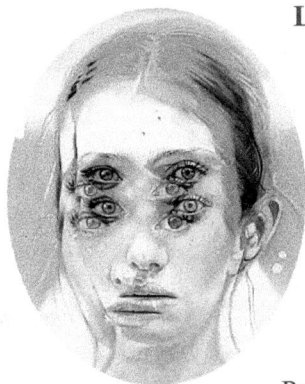

SCHIZOPHRENIA
Innovations in Diagnosis and Treatment

Colin A. Ross, MD

La schizofrenia è oggi una sorta di cassetto per mascherare la realtà del disturbo dissociativo dell'identità. Molto spesso i seguenti sintomi vengono erroneamente diagnosticati come *schizofrenia*: amnesia dissociativa, depersonalizzazione, presenza di più personalità/identità distinte, allucinazioni uditive, ecc.

Per quanto riguarda le "allucinazioni uditive" o "voci nella testa" - sintomo sistematicamente considerato "schizofrenia" - potrebbe trattarsi di un caso di sdoppiamento della personalità (I.D.T.) e di dialogo interno con personalità alterate. Nell'edizione del 1994 del DSM, i sintomi di voci che parlano tra loro o commentano sistematicamente il comportamento della persona erano considerati "schizofrenici". Molti psicoterapeuti che lavorano con pazienti con IDD hanno riscontrato che il fenomeno delle "voci nella testa" è comune nelle persone con una lunga storia di traumi. Sempre più studi sembrano fare un collegamento tra la dissociazione e queste "allucinazioni uditive". Alcuni studi si sono concentrati esclusivamente su questo tema, come quello di Charlotte Connor e Max Birchwood "*Abuse and dysfunctional affiliations in childhood: An exploration of their impact on voice-hearer's appraisals of power and expressed emotion*" *(Abuso e affiliazioni disfunzionali nell'infanzia: un'esplorazione del loro impatto sulla valutazione del potere e delle emozioni espresse da chi ascolta le voci)*, o quello di Vasiliki Fenekou e Eugenie Georgaca "*Exploring the experience of hearing voices: A qualitative study*".

Per illustrare il legame tra "*voci nella testa*", IDD e trauma, torniamo alla testimonianza della multipla Régina Louf (caso Dutroux): "*È sempre stato così. A Knokke, a casa di mia nonna, gli adulti si accorsero che parlavo con le voci nella mia testa, che cambiavo rapidamente umore, o addirittura che iniziavo a parlare con una voce o un accento diversi. Anche se avevo solo 5 o 6 anni, capii che una cosa del genere era bizzarra e non consentita. Imparai a nascondere le mie voci, i miei altri sé. Dopo quello che era successo a Clo, le voci e la strana sensazione di essere talvolta guidata da voci interiori divennero più forti. Dopo l'iniziazione, non riuscii più a resistere alle voci. Ero felice di scomparire nel nulla e di riprendere conoscenza solo quando c'era Tony. Il dolore sembrava più sopportabile.*

A livello fenomenologico, esiste una significativa sovrapposizione tra i sintomi dei disturbi dissociativi (in particolare i D.I.D.) e la schizofrenia. **Uno studio ha dimostrato che un gruppo di pazienti diagnosticati con schizofrenia da uno psichiatra o da uno psicologo, a cui è stata somministrata un'intervista standardizzata relativa ai sintomi dissociativi, ha mostrato che il 35-40% di questi pazienti, che si supponeva fossero schizofrenici, è uscito con una diagnosi di disturbo dissociativo dell'identità. Al contrario, in un gruppo di pazienti con diagnosi di D.I.D. a cui si fa un'intervista legata a sintomi schizofrenici, due terzi ne usciranno con una diagnosi di schizofrenia.**

Un gruppo di 236 pazienti con disturbo di personalità *multipla* ha mostrato che il 40,8% aveva una precedente diagnosi di schizofrenia ("*Multiple personality disorder patients with a prior diagnosis of schizophrenia*" - Colin Ross, G. Ron Norton, Journal "Dissociation", Vol.1 N°2, 06/1988).

In uno studio intitolato "*Dissociation and Schizophrenia*", pubblicato nel 2004 sulla rivista *Trauma and Dissociation*, il dottor Colin Ross e il dottor Benjamin Keyes hanno valutato i sintomi dissociativi in un gruppo di 60 persone in cura per schizofrenia. Hanno scoperto che 36 soggetti presentavano caratteristiche dissociative significative, ovvero il 60% del campione. Questi sintomi dissociativi erano accompagnati da un'alta percentuale di traumi infantili, oltre che da disturbi maggiori come depressione, disturbo *borderline* di personalità e disturbo da deficit di attenzione.

Sia nel caso dell'ID che della schizofrenia, la dissociazione è una caratteristica di fondo, così come l'origine traumatica di questi disturbi di personalità.

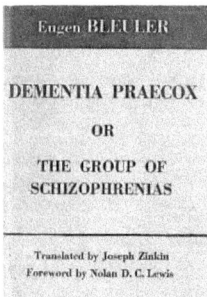

Eugen BLEULER

DEMENTIA PRAECOX

OR

THE GROUP OF
SCHIZOPHRENIAS

Translated by Joseph Zinkin
Foreword by Nolan D. C. Lewis

Nonostante gli studi che hanno chiaramente dimostrato il legame tra disturbi psicotici, disturbi dissociativi e traumi, si è registrato un forte calo nell'uso della diagnosi di disturbi dissociativi. **Questo declino può essere spiegato in particolare dall'introduzione del termine "schizofrenia" per descrivere i pazienti che presentano questo tipo di sintomi.** Tra il 1911 e il 1927, il numero di casi segnalati di disturbo di personalità multipla, oggi noto come disturbo dissociativo dell'identità, è diminuito di quasi la metà in seguito alla sostituzione del termine "*Dementia Preacox*" con "*Schizofrenia*" da parte dello psichiatra svizzero Eugen Bleuler.

Il dottor Rosenbaum lo spiega in dettaglio nel suo articolo "*Il ruolo del termine* **schizofrenia** *nel declino delle* **diagnosi di** *personalità multipla*".

Fritz Springmeier sostiene che decine di migliaia di individui ricoverati nei reparti psichiatrici per *"schizofrenia"* sono programmatori multipli: vittime che hanno sviluppato l'I.D.D. come risultato di protocolli di controllo mentale basati su traumi. Descrivere questi individui (le *farfalle spezzate*) come *"schizofrenici paranoici"* significa minare la loro credibilità. In questo modo sarebbe possibile sbarazzarsi di loro con discrezione, seppellendoli negli elettroshock e nella chimica degli istituti psichiatrici.

Nei casi di reti di pedocriminalità in cui le vittime sono fortemente dissociate da traumi estremi, troviamo che molto spesso la loro parola viene screditata a causa della loro salute mentale... Questo è un punto cruciale su cui gli autori si basano per respingere le testimonianze inquietanti: le vittime sono ovviamente dissociate da traumi ripetuti e questo stato psicologico "difettoso" viene quindi messo in evidenza al fine di annullare la loro testimonianza... Si tratta di un'inversione malsana che consiste nell'ignorare il fenomeno di causa ed effetto: **un testimone che soffre di gravi disturbi dissociativi deve aver subito un trauma...**

È qui che entra in gioco il controllo dell'informazione, ovvero fare in modo che la ricerca sui disturbi dissociativi diventi di dominio pubblico il meno possibile. È stato fatto tutto il possibile per evitare di collegare i disturbi dissociativi al trauma, a parte semplicemente ignorare la realtà del fenomeno della dissociazione e le sue conseguenze psicologiche... per sostituirlo con un termine generico e ansiogeno:

SCHIZOFENIA.

Per oltre 80 anni, la Massoneria ha investito milioni nella ricerca sulla "*Dementia Preacox*", o "*Schizofrenia*", che come abbiamo appena visto è molto spesso causata da gravi disturbi dissociativi derivanti da traumi - e quali sono i risultati terapeutici? - Oggi i pazienti a cui viene diagnosticata la "schizofrenia" sono pesantemente trattati con farmaci chimici a beneficio dei laboratori farmaceutici.

Una delle conseguenze negative di queste diagnosi errate è che il trattamento della "schizofrenia" si baserà principalmente su farmaci pesanti, che creano dipendenza e persino pericolosi... Mentre nella terapia I.D.D. il trattamento con i farmaci è qualcosa di secondario; la chimica può essere usata per trattare la co-morbilità, ma non è terapeutica in senso stretto. **L'establishment psichiatrico sembra avere poca voglia di aiutare davvero le vittime e i sopravvissuti ai traumi, trascurando o ignorando del tutto l'argomento della psico-traumatologia e dei fenomeni dissociativi.**

Il potere decisionale delle Alte Logge massoniche non ha nulla a che fare con il benessere degli "schizofrenici"... D'altra parte, quando ci rendiamo conto che la "schizofrenia" è legata in molti modi al disturbo di personalità multipla o al disturbo dissociativo dell'identità, o addirittura alla possessione demoniaca, di cui soffre la maggior parte dei sopravvissuti agli abusi rituali e al controllo mentale, cominciamo a capire l'interesse della lobby massonica a investire in questo campo per controllare e dirigere la ricerca in questo settore... in particolare quella che esclude la diagnosi di D.I.A. a favore di una "schizofrenia a effetto".La diagnosi di D.I.A. a favore di una "schizofrenia a tappeto" e qualsiasi origine traumatica a favore di un'origine puramente genetica. Inoltre, una vittima dissociata da rituali traumatici e successivamente diagnosticata erroneamente come "schizofrenica" vedrà le sue parole rifiutate e ridotte a nulla, perché considerate un *delirio psicotico* (una manna per gli aggressori)... Mentre i disturbi dissociativi di cui soffre dovrebbero, al contrario, essere un forte indicatore della sua esperienza traumatica e dell'importanza della sua storia.

Kathleen Sullivan, una sopravvissuta ad abusi rituali che ha sviluppato un disturbo dissociativo dell'identità, scrive nella sua autobiografia: "*Mi sentivo disperata quando ricordavo ciò che il nonno mi diceva sempre prima di lasciarmi sola in quella stanza: che nessuno mi avrebbe creduto se avessi parlato, perché il medico aveva scritto nella mia cartella che ero schizofrenica. Il nonno mi ricordava spesso che "nessuno crede agli schizofrenici, tutti sanno che sono pazzi*". (*Unshackled: la storia di un sopravvissuto al controllo mentale* - Kathleen Sullivan, 2003)

È in corso una guerra di comunicazione, o meglio una "*guerra della memoria*", quando si tratta di ricerche scientifiche sul funzionamento del cervello di fronte ai traumi. **Di conseguenza, la disinformazione e l'occultamento delle informazioni vengono messe in atto per impedire che questi studi vengano ampiamente diffusi e insegnati nelle facoltà di medicina, il che potrebbe avere un grande impatto nei tribunali per difendere le vittime - dissociate - di queste reti pedocriminali...**

Il vaso di Pandora dell'abuso rituale e del controllo mentale basato sul trauma, cioè il processo neurologico della dissociazione e dell'amnesia traumatica, è coperto da una coltre di segretezza. Insegnare il funzionamento scientifico della dissociazione, dei muri amnesici e della scissione della personalità nelle facoltà di medicina equivarrebbe a rivelare pubblicamente e accademicamente conoscenze appartenenti all'occultismo più profondo (conoscenze riservate agli alti iniziati delle società segrete). Questa conoscenza, tuttavia, è ancestrale e viene utilizzata oggi in modo sistematico e malevolo da alcuni gruppi di potere. Il processo con cui gli schiavi funzionano in base alla programmazione mentale non dovrebbe raggiungere la sfera pubblica e profana...

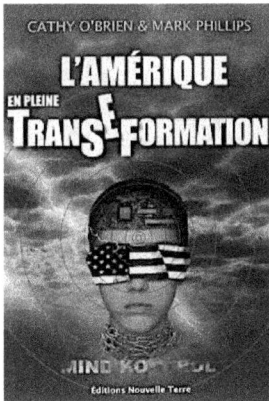

La maggior parte degli studenti di psicologia e psichiatria non crede che questo tipo di controllo mentale sia possibile. Questo per la buona ragione che non conoscono il concetto di base del controllo mentale basato sui traumi, cioè il M.P.D., un disturbo di personalità multipla con amnesia, che è essenziale se un essere umano deve lavorare come un robot in operazioni clandestine... o meno.

"Ad oggi, né l'American Psychiatric Association né l'American Psychological Association hanno pubblicato un modello per lo sviluppo di un protocollo terapeutico efficace per i disturbi dissociativi (considerati il risultato di traumi ripetuti). Una serie di fattori rende difficile lo sviluppo di tale modello. Il primo di questi fattori riguarda la segretezza che la Sicurezza Nazionale applica alla ricerca classificata sul controllo mentale. Nel clima attuale, indirizzare le vittime del controllo mentale a professionisti psichiatrici per un trattamento sarebbe come indirizzare un paziente che ha bisogno di un intervento chirurgico d'emergenza a un chirurgo che è stato bendato e ammanettato (...) Ciò che potrebbe permetterci di gettare le basi di una spiegazione sarebbe identificare "chi"? "Se fate il passo successivo e prendete una copia dell'*Oxford's Companion To The Mind* del professore di facoltà (Oxford Press, 1987), potrete trovare quasi tutto ciò che riguarda la ricerca sulla mente senza il minimo riferimento al controllo mentale. Forse ora sarete in grado di vedere attraverso le omissioni di Random House, Webster e altre Oxford <u>Press</u>, <u>che siete vittime del controllo dell'informazione</u>".

(*"L'Amérique en pleine transe-formation"* - Cathy O'Brien & Mark Phillips - Éditions Nouvelle Terre, 2013, p.62-19)

Conclusione

Questo dossier su Massoneria e schizofrenia solleva alcune domande legittime e inquietanti. In primo luogo, sulle lontane origini della Massoneria, che possono essere fatte risalire alle cosiddette religioni misteriche dell'antichità, secondo alcuni scritti di alti gradi FM. Come abbiamo visto, le pratiche pagane di alcune di queste religioni misteriche includevano rituali di iniziazione traumatici, ma anche un certo culto della fertilità che prevedeva pratiche orgiastiche, sacrifici di sangue e persino il battesimo di sangue nel culto di Mitra, che per molti aspetti è simile alla Massoneria moderna. Questo è un punto di partenza per comprendere alcuni dei racconti delle vittime e dei sopravvissuti agli abusi rituali, perché a prima vista possono sembrare fantasiosi e inventati.

Tutte queste presunte vittime descrivono di essere state sottoposte alle stesse pratiche rituali traumatiche volte a ottenere stati dissociativi a scopo di controllo mentale...

Notiamo che la Massoneria è un fattore comune a molte di queste testimonianze... Che interesse avrebbero questi sopravvissuti, sparsi in tutto il mondo, a specificare che i loro aggressori erano massoni? Com'è possibile che gli stessi metodi di tortura e di programmazione mentale siano descritti da vittime che non si sono mai incontrate prima? Come si possono inventare queste cose?

Notiamo che l'americana Jeanette Westbrook - figlia di un massone di alto rango - descrive esattamente lo stesso protocollo di controllo mentale della testimone X1 del caso **Dutroux**, Régina Louf: **ovvero la coltivazione e il mantenimento del disturbo dissociativo dell'identità (e delle sue pareti amnesiche), derivante da incesto e tortura, ai fini del controllo mentale e dello sfruttamento sessuale.** Questo è anche ciò che è stato descritto dalla sopravvissuta americana Cathy O'Brien, autrice del libro "*America in the midst of Transformation*", che è stata sessualmente schiavizzata in alti ambienti politici a causa del suo disturbo dissociativo dell'identità causato dall'incesto paterno.

Notiamo che la testimonianza di Samir Aouchiche su una cerimonia pedo-satanica della cripto-massonica Alba Dorata è totalmente in linea con la testimonianza del giudice Pierre Roche sulle motivazioni "filosofiche" di queste sette pedocriminali:

Aouchiche riporta le parole del cerimoniere: "*Attraverso la nostra sessualità, finalmente liberata dal giogo dei nostri oppressori giudaico-cristiani, ci purifichiamo (...) Il sesso e tutti i piaceri dei nostri sensi sono l'unica legge da soddisfare*".

Questo corrisponde perfettamente a ciò che Charles-Louis Roche dice a proposito della società segreta a cui apparteneva suo padre: "*In questo gruppo, viene detto loro che tutte le regole che sono state messe in testa fin dall'inizio, a scuola, in società, ecc. sono limitazioni alla loro libertà, che impediscono loro di raggiungere la quintessenza della razza umana, e che devono quindi rifiutare tutte le regole, a partire dalle leggi, dalla morale e dalla decenza. C'è la necessità di trasgredire queste regole, di violare, a volte letteralmente, tutti i tabù, per poter sfondare quella sorta di serrature che ci sono state messe in testa fin dall'infanzia. È così che iniziamo con lo stupro e la tortura e finiamo con l'omicidio...*".

Come abbiamo visto, queste società segrete operano con un sistema di dualità, o pluralità, che serve a nascondere la loro natura profonda... Da un lato a tutti i profani, ma anche e soprattutto a nascondere le loro pratiche altamente immorali, persino criminali, alle anime sedotte e appena iniziate - nella *giovialità fraterna*. L'adepto deve quindi essere gradualmente plasmato e trasformato alla maniera della *creta da modellare*. **Si tratta di un processo di** "*scrostatura spirituale*" **volto ad abbattere una ad una tutte le barriere morali.** Questa graduale "sviscerazione" è necessaria per abbattere i *tabù* che ostacolano la ricerca della *conoscenza e del risveglio spirituale*. Man mano che l'iniziazione procede, l'adepto viene gradualmente tagliato fuori dalla sua vera bussola morale. **È così che si instaura un relativismo assoluto, che finisce per eliminare qualsiasi nozione di Bene o Male.** Veli sottili e molteplici mistificazioni dottrinali e intellettuali devono quindi essere utilizzati per nascondere il "Santo dei Santi" a coloro che non sono ancora in grado di integrare il *messaggio finale* di questa "rivelazione". Questo processo morboso (o contro-iniziatico) è molto semplificato quando l'individuo è già un membro della "Famiglia"; allora sarà stato sottoposto fin dalla prima infanzia a protocolli traumatici estremi volti, da un lato, a sviluppare gli stati dissociativi necessari per la programmazione mentale e, dall'altro, a sopprimere qualsiasi nozione di compassione che potrebbe ostacolare la sua ascesa nella scala sociale. Nelle alte sfere delle società segrete, la scissione della personalità dei bambini attraverso rituali *di iniziazione* traumatici è sistematica. Che si tratti di gruppi mafiosi, religiosi, politici o militari (tutti sotto l'ombrello delle confraternite iniziatiche), in modo generale e internazionale, tutti sanno che la dissociazione, la frammentazione della personalità, è la chiave della segretezza e del potere; ma anche una chiave per ottenere certi individui iper-creativi con quozienti di intelligenza molto elevati.

È un circolo vizioso per questi individui, che sono stati sottoposti al *mulino psichico* nella loro prima infanzia, perché se non si liberano da queste sfere di influenza, riprodurranno questi modelli nei loro discendenti, che sono soggetti alla Loggia. È un circolo vizioso per le famiglie impantanate nell'occultismo e negli stati dissociativi. Ecco perché è indispensabile esporre queste pratiche alla luce del *mondo profano*, per tagliare il male alla radice e impedirne lo sviluppo.

Questa filosofia distruttiva di "**redenzione attraverso il peccato**", o "**santità attraverso il male**", mira all'**inversione sistematica dei valori morali, dove il male diventa bene e il bene diventa male.** Nel suo libro intitolato "*Le Messie Militant*", Arthur Mandel definisce questa nozione di "redenzione attraverso il peccato" come segue: "***Non è altro che la vecchia*** *idea paolino-gnostica della felix culpa, il santo peccato della strada verso Dio che passa attraverso il peccato, il desiderio perverso di combattere il male con il male, di liberarsi del peccato peccando".*

Questa oscura dottrina è propagata in gran parte dall'infiltrazione e dalla sovversione delle religioni, ma anche da istituzioni che lavorano dietro le quinte dei governi e dietro le facciate democratiche.

Il criminologo australiano Michael Salter, autore del libro *"Organised Sexual Abuse"*, descrive queste nozioni di infiltrazione e inversione sistematica come segue: *"I sopravvissuti hanno descritto come queste famiglie e gruppi che praticano abusi rituali si sovrappongano alle istituzioni religiose o alle organizzazioni fraterne (...) Nelle loro pratiche di abuso rituale, queste persone sembrano adottare e invertire i rituali tradizionali delle grandi organizzazioni in cui si sono infiltrate. I sopravvissuti descrivono di aver vissuto da bambini in "due mondi": istituzioni e ideologie religiose e fraterne benevole da un lato, invischiate in rituali devianti e sadici dall'altro".* ("*Il ruolo del rituale nell'abuso organizzato dei bambini*", 2012 - Michael Salter)

Quando si parla di infiltrazione e doppio gioco, c'è il **frankismo** e il **sabbataoismo**, una degenerazione satanica dell'ebraismo e della Cabala, fondata dagli autoproclamati "messia" Sabbatai Tsevi (XVII secolo) e Jacob Frank (XVIII secolo). *Il sabbatao-frankismo* può essere considerato un antenato stretto degli Illuminati bavaresi, tra gli altri... A rigore, non esiste un culto frankista o sabbataista, poiché si tratta di una dottrina e filosofia clandestina propagata tramite infiltrazione e sovversione.

Nel suo libro "*Jacob Frank, il falso Messia*", Charles Novak scrive a proposito del frankismo: *"Così, mentre l'ebraismo predica la verginità, la fedeltà e l'amore, Sabbataï e i suoi successori come Jacob Frank predicano il sesso fin dalla più tenera età per le ragazze, le orge sessuali per i ragazzi e lo scambio di mogli durante lo Shabbat. Al punto che alcuni* *bambini frankisti non conoscono il loro vero padre biologico. Nel gennaio 1756, Jacob e i suoi seguaci furono sorpresi nel bel mezzo di uno Shabbat orgiastico nella città di Landskron e, su richiesta dei rabbini, furono espulsi dalla città per orge. Una donna stava nuda al centro mentre i seguaci maschi cantavano la preghiera ebraica dello Shabbat (...) Poi si precipitarono su di lei, trasformando il rito in un'orgia collettiva. I riti sessuali frankisti consistevano poi in canti, danze estatiche, mescolando uomini e donne (...) gli uomini e le donne si spogliavano e l'orgia collettiva iniziava, la nudità ricordava Adamo ed Eva prima della caduta (...) I frankisti erano noti per le loro orge sessuali collettive, talvolta violente. Questo comportamento nichilista, in cui il 9 aprile diventava una festa di gioia, portava allo scambio di donne, **in cui l'obiettivo era distruggere ogni dogma...***

Qui troviamo le orge sacre praticate nelle antiche religioni conosciute come "Misteri", come il culto di Dioniso/Bacco, il culto fallico legato alla fertilità, proprio come il culto di Shiva in India o il culto di Osiride nell'antico Egitto con i suoi obelischi che simboleggiano il fallo.

È legittimo pensare che simili orrori, praticati su così vasta scala, non possano rimanere al riparo dai giornalisti, dalle indagini di polizia e dai tribunali... Bisogna capire che la magistratura e le forze dell'ordine sono organizzate in strati gerarchici, ed è qui che entrano *in gioco le interferenze* massoniche quando si tratta di fare luce su questo o quel caso, in particolare nei casi che riguardano le reti pedocriminali. A certi livelli della gerarchia, le protezioni istituzionali sono automatiche e massime finché queste pedine sono soggette al diktat dei loro stessi vizi (tenuti da dossier compromettenti)...

I giornalisti, dal canto loro, hanno capito che questo settore di indagine è altamente rischioso e negli ultimi quindici anni è stato messo al bando dalle grandi redazioni. L'esplosivo documentario di France 3 "*Viols d'enfants: la fin du silence*" ("*Stupri di bambini: la fine del silenzio*") ha raccontato le testimonianze di

Pierre e Marie, due bambini che hanno descritto come avrebbero partecipato a cerimonie pedo-sataniche che prevedevano sacrifici rituali di bambini in una struttura sotterranea nella regione di Parigi. In quell'occasione l'ex sostituto procuratore di Bobigny, Martine Bouillon, dichiarò alla trasmissione di Élise Lucet di essere a conoscenza di fosse comuni di bambini scoperte nella regione parigina... senza poter dire di più a causa delle indagini in corso.

Martine Bouillon è stata sanzionata dai suoi superiori il giorno successivo. È stata licenziata dal magistrato anziano Michel Joubrel... che in seguito è stato lui stesso incriminato per possesso di materiale pedopornografico, tra cui foto di bambini di età inferiore ai 2 anni, secondo gli investigatori...

Molti giornalisti sono consapevoli dell'esistenza di queste reti ultraviolente e sanno bene che hanno tutto da perdere (la loro vita sociale, la loro vita professionale, persino la loro stessa vita) se attaccano qualcosa del genere. Altri, invece, negano l'evidenza e si facilitano la vita... Tanto più che oggi, in un'epoca di ateismo e relativismo generalizzato, la questione del pedo-satanismo è per molti una *teoria del complotto* del tipo *caccia alle streghe*.

Da quel momento in poi, si respinge questo tipo di caso a priori, anche se c'è molto da indagare.

A livello politico e mediatico, le reti pedopornografiche non esistono... Su Internet ci sono solo "predatori isolati" o "consumatori di immagini"... Quanto alle reti che producono pornografia infantile, non vengono mai disturbate!

La prima cosa da fare per il coraggioso neofita dell'argomento è iniziare a studiare il caso da manuale dell'affare Dutroux in Belgio. Vi si trovano la corruzione istituzionale (polizia e magistratura), la questione della rete, le pratiche *sataniche* nelle alte sfere della società (con i testimoni X), il controllo mentale basato sul trauma (con Régina Louf), e anche il ruolo dei media mainstream, che hanno suonato tutti in coro lo stesso spartito: la versione - ufficiale - del predatore isolato, scartando vergognosamente la versione, per quanto ovvia, di una vasta rete che coinvolge *pesci grossi*...

È chiaro che la durezza e l'orrore di un argomento così ripugnante provocano il primo e naturale riflesso di un individuo, che è il rifiuto e la negazione... Questo non facilita il progresso in termini di ricerca, giustizia e aiuto alle vittime.

Di fronte a tali orrori che mettono in discussione un intero paradigma sociale, molte persone preferiscono chiudere un occhio, anche quando le prove sono evidenti...

La dottoressa Petra Murkel ha descritto bene questo fenomeno nel programma Xenius di Arte:

"Vogliamo ascoltare storie chiare e plausibili, ma la verità è spesso un ostacolo. Può sembrare troppo complicata, oppure non corrisponde ai nostri valori morali o semplicemente alle nostre aspettative. Mentiamo a noi stessi... La verità può essere una fonte di disperazione, mentre una bugia può portarci avanti per molto tempo". I ricercatori hanno anche dimostrato che l'auto-manipolazione intelligente è essenziale per la gioia di vivere: ci dà senso e struttura. Da un punto di vista evolutivo, questo è ovviamente un vantaggio, perché una bugia che dura tutta la vita ci dà forza per molto tempo.

Appendice 1

Jung e Mozart: due infanzie iniziate a rituali traumatici?

L'illuminazione non consiste nel percepire forme o visioni luminose, ma nel rendere visibile l'oscurità... C.G. Yung

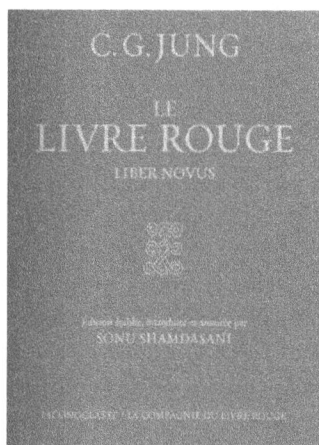

Nel suo libro *Risposta a Jung: dare un senso al Libro Rosso* Lynn Brunet sostiene che la famosa opera mistica di Carl Gustav Jung, sobriamente intitolata *"Il Libro Rosso"*, contiene numerosi riferimenti al simbolismo massonico degli alti gradi, soprattutto del Rito Scozzese. Scritta tra il 1914 e il 1930, ma pubblicata per la prima volta nel 2009, è considerata una delle principali opere di psicologia. In essa Jung registrò i suoi sogni e le sue fantasie durante un periodo di confronto con l'inconscio in cui pensava letteralmente di impazzire, in uno stato *schizofrenico*, avrebbe detto... Con i suoi testi calligrafici, le sue immagini, i suoi dipinti, i suoi mandala e la sua sorprendente ricchezza di personaggi immaginari e di mitologia, il Libro Rosso racconta la storia di un uomo che **deve riscoprire il suo mito e che parte alla ricerca della sua anima perduta.**

La filosofa Françoise Bonardel parla del Libro Rosso in questi termini: "*Quello che Jung descrive qui è un viaggio di iniziazione... Un giorno comincia ad avere delle visioni, delle specie di rivelazioni, e appaiono delle figure che gli parlano. Descrive questo viaggio nelle profondità del suo inconscio con sequenze estremamente violente, che assomigliano a uno scenario di omicidio iniziatico! Soprattutto quando scende negli abissi e quasi annega in una specie di lago di sangue* (...) È tutta una discesa all'inferno, ne passa di tutti i colori* (...) Questo è proprio l'esempio di un viaggio di iniziazione e di un'iniziazione selvaggia, compiuta da qualcuno che è riuscito comunque a mantenere la rotta e a non sprofondare nella follia".* (Le Livre Rouge, un viaggio iniziatico - BaglisTV)

Lynn Brunet osserva nella prefazione del suo libro: "Attraverso i miei ricordi di iniziazione infantile e le mie ricerche sugli abusi rituali massonici, ho subito tracciato dei paralleli tra gli scritti di Jung e le prove di iniziazione. È stato poi molto rivelatore quando, leggendo *Ricordi, sogni, riflessioni*, ho scoperto che **suo nonno paterno era un massone, Maestro Venerabile della Loggia di Basilea (...) Questo solleva la possibilità che Jung possa essere un'altra vittima di abusi rituali massonici. La mia domanda in questo studio è la seguente: Il Libro rosso potrebbe essere il resoconto dettagliato di una serie di memorie, anche se estremamente confuse, sulle iniziazioni subite da bambino e che si trovano nei resoconti contemporanei di abusi rituali?**

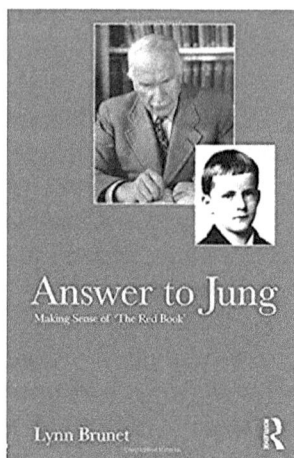

In una conferenza intitolata *"Carl Gustav Jung e la Massoneria"*, il poeta, scrittore ed editore Jean-Luc Maxence ci racconta che il padre di Jung, un modesto pastore, era anch'egli massone: *"Si può davvero dire che Jung sia stato molto influenzato dalla Massoneria fin dalla più tenera età, e che abbia persino stabilito i principali concetti della sua clinica, la psicologia del profondo, tutti abitati, consapevolmente o meno, dai grandi simboli della Massoneria?* **Una cosa è certa: fin dalla più tenera età, da bambino e poi da adolescente, Jung fu fisicamente circondato da massoni speculatori.** *C'era l'influenza del nonno, Karl Gustav Jung Senior (...) quanto al padre, come tutti sanno un mediocre pastore, un teologo un po' tuttofare,* **era anche lui** *massone...".*

Qui troviamo una forma di massoneria transgenerazionale, in cui le generazioni successive vengono sistematicamente introdotte nella Loggia da padre in figlio... rimane la questione del passaggio dei bambini attraverso rituali di iniziazione traumatici (a livello di alta gerarchia). Diverse fonti riportano che il suo antenato Johann Sigismund, noto come Sigismund von Jung, avvocato, era anche massone e membro degli *"Illuminati* di Baviera".

Ecco la quarta di copertina del libro di Lynn Brunet: Il Libro rosso è il resoconto di Jung di un periodo di profonda introspezione nel suo inconscio, in un processo che egli chiamò *"immaginazione attiva"*, intrapreso nella mezza età. *Answer to Jung: Making Sense of 'The Red Book' (Risposta a Jung: dare un senso al Libro Rosso)* offre una lettura ravvicinata di questo testo bello e inquietante e delle sue immagini affascinanti, e dimostra che le fantasie del Libro Rosso non sono del tutto originali, **ma che le loro trame, i personaggi e i simboli sono** notevolmente simili a certi rituali degli alti gradi della Massoneria. **Il libro sostiene che queste fantasie potrebbero essere il ricordo di una serie di terrificanti prove iniziatiche, forse subite durante l'infanzia, utilizzando versioni alterate o spurie dei riti massonici.** Il libro confronta poi questi scenari iniziatici con le testimonianze di rituali traumatici riportate a partire dagli anni Ottanta.

Il dottor James Randall Noblitt, nel suo libro *Cult and Ritual Abuse*, parla di Jung e del suo Libro Rosso: *"Durante il periodo in cui Carl Jung era impegnato nella sua esplorazione interiore, in un "confronto con il suo subconscio", archiviò i suoi pensieri e le sue immagini mentali in una serie di Libri Neri, che vennero poi riuniti per formare il suo Libro Rosso. Questi contenuti non furono mai pubblicati durante la sua vita e furono condivisi in via confidenziale solo con un gruppo selezionato di persone. Questo straordinario volume è stato tenuto nascosto dalla famiglia di Jung dopo la sua morte, finché non è stato finalmente pubblicato nel 2009. A pagina 290 del Libro rosso si trova un paragrafo intitolato* **L'omicidio sacrificale, che fa riferimento a un rituale in cui viene ucciso un bambino. In questa scena, Jung descrive se stesso mentre mangia un pezzo di fegato del bambino dopo aver ricevuto l'ordine di farlo. Jung stesso riconosce che in questo atto orribile anche lui è stato sacrificato**".

La sua stessa autobiografia **ritrae** Jung, sua madre e sua cugina, Helena Preiswerk, **come persone che hanno avuto esperienze di dissociazione dell'identità.** Lynn Brunet riferisce anche che una delle biografe di Jung, Claire Dunne, fa riferimento alla rivelazione fatta a Sigmund Freud di essere stato violentato da bambino. La Dunne ha usato questo tragico episodio come titolo del suo libro Jung: *Wounded* Healer *of the Soul*.

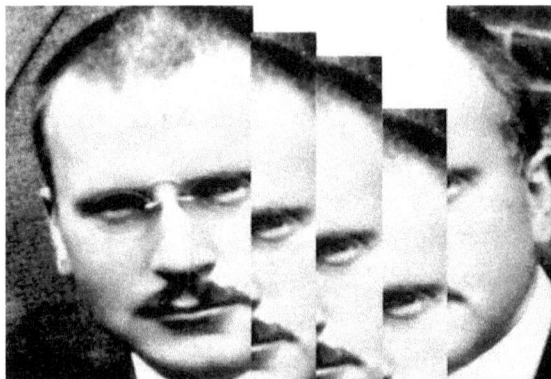

La ferita da cui Jung sembra essere guarito potrebbe essere molto più profonda... Le frequenti espressioni di *dolore, sofferenza, confusione* e *tormento* nel Libro Rosso suggeriscono esplicitamente che esso tratta la questione del trauma e che l'interpretazione dei suoi contenuti simbolici dovrebbe incorporare la psicologia e la fisiologia del trauma. Jung conosceva molto bene i concetti fisiologici di dissociazione, amnesia e trauma...

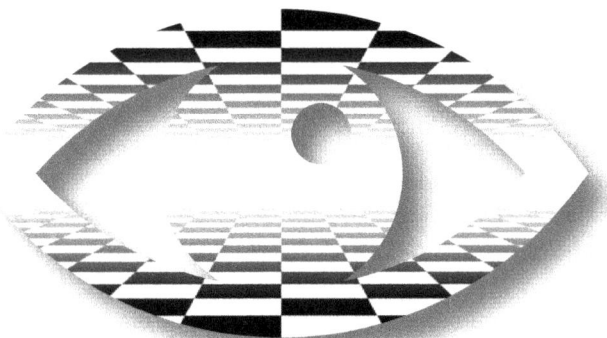

Anche **Wolfgang Amadeus Mozart** è uno dei *grandi uomini* della storia che fu immerso nei circoli massonici fin dall'infanzia. Lo studioso di religione e musicologo Carl de Nys, che ha dedicato gran parte della sua vita allo studio dell'opera di Mozart, riferisce che , essendo cresciuto a Slazburg, era profondamente impregnato di idee massoniche. **All'epoca, nella**

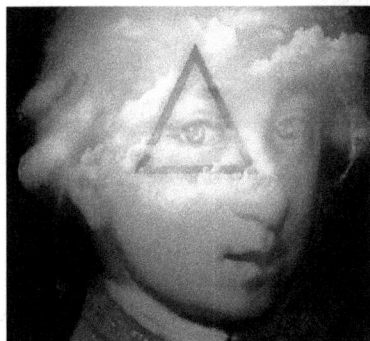

regione c'era un fiorire di logge massoniche, come gli Illuminati di Baviera, meglio conosciuti come "*illuminati*". L'ambiente in cui Mozart crebbe era totalmente impregnato di questa spiritualità occulta. Carl de Nys racconta che questi illuminati bavaresi tenevano spesso le loro riunioni nel parco de Aigen a Salisburgo. Lo trasformarono in una sorta di foresta degli dei, con altari, monumenti funerari e così via. **La cerimonia di iniziazione si svolgeva nel "*Buco delle Streghe*": una grotta il cui ingresso era fiancheggiato da due colonne che sostenevano un simbolo dei Misteri di Iside, cioè una Sfinge alata... Secondo la tradizione, questa grotta era utilizzata dai seguaci di Mitra e Astarte fin dall'epoca romana.** Le cerimonie di iniziazione si svolgevano di notte e la grotta era illuminata da torce, che è esattamente l'ambientazione della scena del "calvario" nel secondo atto de *Il flauto magico*. **Carl de Nys sostiene, con fonti a sostegno, che il giovane Mozart partecipava a "*incontri notturni*" in questa grotta nel parco di Aigen**, e che fu questo a ispirargli la scena dell'iniziazione... (*Mozart chez les francs-maçons* - les archives de la RTS, 02/01/90)

181 |

Grotte des *Illuminati* (Hexenloch)
près du château d'Aigen, Salzbourg

Secondo Carl de Nys, la famiglia Mozart era legata alla Loggia bavarese degli Illuminati, che sembrava praticare i riti iniziatici delle antiche religioni misteriche, in particolare i Misteri di Iside.

Grotte e caverne erano luoghi ideali per le iniziazioni oscure. Éliphas Lévi (ecclesiastico e occultista francese nato Alphonse-Louis Constant) descrive così alcuni antichi rituali di iniziazione: "*Le grandi prove di* **Memphis e di Eleusi** *avevano lo scopo di formare re e sacerdoti affidando la scienza a uomini coraggiosi e forti. Per essere ammessi a queste prove, bisognava dedicarsi anima e corpo al sacerdozio e rinunciare alla propria vita.* **Bisognava scendere in buie gallerie sotterranee** *dove si dovevano attraversare pire ardenti, torrenti di acqua profonda che scorreva velocemente, ponti mobili gettati su abissi, e tutto questo senza che una lampada che si teneva in mano si spegnesse o scappasse. Chi vacillava o aveva paura non vedeva più la luce; chi invece superava intrepidamente tutti gli ostacoli veniva* **accolto** *tra i mistici,* **cioè veniva iniziato ai misteri minori. Ma la sua fedeltà e il suo silenzio restavano da verificare, e solo dopo diversi anni divenne un epopta, titolo che corrisponde a quello di adepto** (...) Non è nei libri dei filosofi, ma nel simbolismo religioso degli antichi che dobbiamo cercare le tracce della scienza e riscoprire i suoi misteri (...)* **Tutti i veri iniziati hanno riconosciuto l'immensa utilità del lavoro e del dolore. Il dolore"**, *diceva un poeta tedesco, "è il cane del* *pastore sconosciuto che guida il gregge degli uomini. Imparare a soffrire, imparare a morire, è la ginnastica dell'Eternità, il noviziato immortale".* ("*Storia della magia*" - Éliphas Lévi, 1999, p.122)

Gli antichi greci erano ben consapevoli **degli effetti di un profondo stress fisiologico nell'alterare la percezione del mondo di un individuo. Gli antichi sacerdoti greci usavano rituali traumatici** per "curare" alcuni pazienti. **Per farlo, li facevano scendere nella grotta di** *Trophonios*... La persona veniva preparata a questo rito attraverso il digiuno, la lustrazione (una cerimonia di purificazione dell'acqua) e la privazione del sonno. Veniva poi calata nella camera sotterranea e lasciata sola nella più completa oscurità. I gas inebrianti esalati in questa caverna, o forse la mancanza di ossigeno, facevano presto effetto sulla persona, provocando sogni e visioni terribili. Appena in tempo, la donna veniva salvata dalla grotta e portata alla luce e all'aria aperta.

Questo tipo di prova provocava un vero e proprio trauma che avrebbe dovuto curare il paziente. Lo psichiatra William Sargant non esita a usare il termine *"lavaggio del cervello"* per descrivere i rituali dell'oracolo di *Trophonios*, durante i quali il soggetto veniva sottoposto a deprivazione sensoriale, tecniche di confusione visiva e uditiva e psicofarmaci. Proprio come oggi ci rivolgiamo a uno psichiatra quando abbiamo bisogno di un consiglio o di un trattamento, gli antichi greci consultavano gli oracoli per lo stesso scopo . Prima di recarsi dall'oracolo, la persona doveva prima sperimentare la privazione del sonno, il canto ripetitivo, l'assunzione di droghe e infine avventurarsi da sola in caverne profonde e buie. **Questa lunga ed estenuante lotta, che poteva durare diversi giorni, la metteva in uno stato di estremo stress fisiologico.** Poi, quando l'oracolo rivelava loro alcune cose, erano in grado di comprenderne il significato **grazie a questo stato alterato di coscienza, che dava loro una visione diversa del mondo** (*"Source for the Study of Greek Religion"* - David Rice, John Stambaugh, 1979, p.144).

Carl de Nys afferma che gli Illuminati bavaresi di Salisburgo svolgevano le loro cerimonie di iniziazione in una grotta il cui ingresso era fiancheggiato da due colonne che sostenevano una Sfinge alata, simbolo dei Misteri di Iside... Nella sua opera intitolata *"Metamorfosi"*, lo scrittore Apuleio sembra descrivere **la propria iniziazione ai Misteri di Iside e Osiride**, ai quali sarebbe stato iniziato durante il suo soggiorno in Grecia: *"Il sommo sacerdote allora congedò i profani, mi vestì con una veste di lino grezzo e, prendendomi per mano, **mi condusse nella parte più profonda del santuario.** Senza dubbio, mio caro lettore, la tua curiosità sarà suscitata da ciò che viene detto e da ciò che viene fatto dopo. Lo direi se mi fosse permesso di dirlo; lo impareresti se ti fosse permesso di impararlo. Ma sarebbe un crimine nella stessa misura per le orecchie del confidente e per la bocca del rivelatore. Se, tuttavia, è un sentimento religioso a motivarvi, mi farei scrupolo di tormentarvi. Ascoltate e credete, perché ciò che dico è vero. **Ho toccato le porte della morte; il mio piede si è posato sulla soglia di Proserpina. Al ritorno ho attraversato gli elementi. Nel profondo della notte ho visto splendere il sole. Divinità dell'inferno, divinità dell'Empireo, tutti sono stati visti da me faccia a faccia** e adorati da vicino. Questo è ciò che ho da dirvi, e non sarete più illuminati".*

Qui troviamo tre componenti essenziali delle società segrete di tipo massonico: la **morte e la resurrezione**, la **prova degli elementi e, infine, l'illuminazione**. È possibile che si **tratti** di **un rituale traumatico che coinvolge il candidato all'iniziazione in un'esperienza al limite della morte** *(ho toccato le porte della morte)* **con un profondo stato di dissociazione** *che illumina* **la sua coscienza** *(ho visto splendere il sole).*

Quali riti di iniziazione potrebbe aver subito il piccolo Mozart quando è stato portato al "*Buco delle Streghe***" da questi illuminati bavaresi o** *Illuminati***?**

**Tempio massonico della Fraternità
e dell'Unione a Rennes (35)**

Appendice 2

Trauma e dissociazione nella mitologia massonica

Estratti dal libro "*Terrore, trauma e l'occhio nel triangolo*"
Lynn Brunet - 2007, pagg. 64-83.

Lynn Brunet

The Masonic Presence in Contemporary Art

Initiatory Themes and Trauma

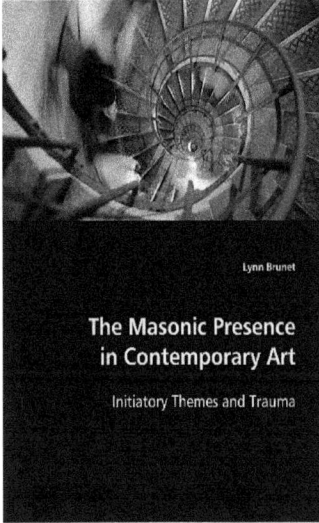

Il Tempio di Salomone è stato spesso interpretato come una metafora del corpo umano. Lo scrittore massone Albert Mackey lo conferma quando scrive: "Cerimonie di terzo grado in cui un edificio fatiscente rappresenta metaforicamente il deterioramento e le infermità associate alla vecchiaia nel corpo umano". Le due colonne, Jakin e Boaz, rappresentano l'ingresso del Tempio. Nella letteratura cabalistica, questi due pilastri corrispondono ai lati destro e sinistro del corpo con il loro effetto specchio (...) È qui che troviamo il collegamento con le funzioni destra e sinistra del cervello umano, ciascuna delle quali controlla il lato opposto del corpo - questa è la controlateralità. Questi due pilastri possono anche rappresentare qualità come la severità e la clemenza, il concetto di bianco e nero, Adamo ed Eva, maschio e femmina, ecc...

Il Tempio di Salomone doveva fornire una dimora permanente per l'Arca dell'Alleanza, che fin dai tempi di Mosè era stata ospitata in una tenda (...) In una pianta del Tempio di Salomone, raffigurata in un documento massonico intitolato "*I due pilastri*", l'Arca dell'Alleanza si trova nel Santo dei Santi con l'altare dell'incenso accanto.

(N.d.T.: Lynn Brunet fa un parallelo tra l'Arca dell'Alleanza e il talamo, una struttura che si trova nel cuore del cervello)

Il termine talamo deriva dalla parola greca che significa "camera interna", comunemente usata come camera nuziale. Il talamo si trova al centro del cervello, è completamente coperto dall'emisfero corticale ed è la porta principale che trasmette le informazioni sensoriali alla corteccia cerebrale; i principali flussi di input alla corteccia devono passare attraverso il talamo. Come osserva Francis Cricks, *"l'idea che il talamo sia una chiave per la coscienza non è nuova. Il suo ruolo è quello di mantenere l'armonia tra il sistema somatosensoriale e l'attività mentale ed emotiva di un individuo"*. Egli osserva inoltre che una parte importante del talamo è chiamata "pulvinar", una parola che originariamente significava "cuscino" o "guanciale" (...) un'altra variante significa "divano sacro" o "sede d'onore".

Questa scelta terminologica potrebbe riferirsi al trono di grazia dell'Arca dell'Alleanza ospitato nel Santo dei Santi? Se così fosse, il posizionamento dell'altare dell'incenso proprio accanto al Santo dei Santi potrebbe essere un riferimento simbolico al fatto che l'olfatto è l'unico senso che non comporta l'attraversamento delle vie nervose tra il cervello e il corpo: il lato destro del naso è collegato al lato destro del cervello. La stretta relazione tra olfatto e memoria è ben nota (...) Quando Salomone ricreò una "casa" per l'Arca, posizionò i cherubini in modo che le loro ali toccassero il lato di ogni parete. In termini fisiologici, le ali dei cherubini possono rappresentare simbolicamente i due lati della corteccia cerebrale che toccano l'interno delle pareti del cranio e si incontrano faccia a faccia nella camera interna dove risiede la coscienza. Visto in questo modo, il "Trono di Grazia" potrebbe rappresentare simbolicamente la capacità del cervello di organizzare il caos, cioè la massa continua di informazioni sensoriali in arrivo elaborate istantaneamente dal talamo (...).) La Camera di Mezzo (che segna la fine dell'iniziazione dei primi tre gradi massonici: Apprendista, Compagno e Maestro) e la sua scala a chiocciola sono due importanti simboli massonici (...) Mackey scrive che i Compagni, i lavoratori del Tempio, salgono la scala a chiocciola per raggiungere la Camera di Mezzo. Egli interpreta questa Camera di Mezzo come il luogo in cui si riceve la Verità e la scala a chiocciola come un simbolo di progressione spirituale.

Le ricerche sul talamo hanno dimostrato che contiene una serie di centri di attività, noti come "nuclei". Il principale è chiamato "nucleo caudale ventrale (o posteriore)". Il neurologo Chihiro Ohye scrive che "all'interno del nucleo caudale ventrale si trova un'area chiamata nucleo intermedio ventrale, che contiene gruppi sparsi di cellule. La stimolazione elettrica di questa parte del nucleo induce una sensazione di rotazione o di elevazione, una sorta di ascesa". (...) La psicologa Susan Blackmore afferma che alcune esperienze allucinogene possono avere un impatto sulle cellule cerebrali producendo una visione composta da strisce a spirale che possono apparire come un tunnel sulla corteccia visiva. In termini fisiologici, il simbolo della scala a chiocciola può quindi essere un modo per illustrare questa sensazione fisica di rotazione e ascesa con questa visione allucinatoria. Per quanto riguarda il luogo in cui si riceve la "Verità", è possibile che questa Camera di Mezzo sia un luogo familiare a chi studia la meditazione, un'area del cervello che non si trova né a destra né a sinistra, uno stato di calma totale in cui l'individuo può sentire un senso di connessione con il divino (...).) Situata in qualche punto del talamo, la camera interiore o "camera nuziale" può essere un altro modo di rappresentare il concetto mistico di matrimonio alchemico (o nozze chimiche), rappresentato come il concetto di ermafrodito, o in termini junghiani, una condizione in cui gli aspetti maschili e femminili della psiche sono in totale armonia (...)

In termini di traumatologia, la leggenda di Hiram può essere vista come un testo metaforico che rappresenta ciò che accade fisiologicamente quando il terrore viene usato per produrre l'esperienza della *luce interiore*. Questa *luce interiore* è quel senso di coscienza cosmica o di immortalità che si raggiunge attraverso la lenta ascesa spirituale rappresentata nel Secondo Grado. La Massoneria appartiene alla tradizione gnostica. La figura

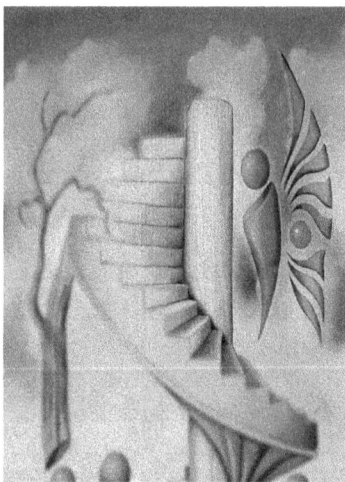

di Lucifero, il "Portatore di Luce", la luce dell'esperienza mistica, è al centro di questa tradizione. Il rapporto tra Lucifero

e la psicologia del trauma è evidenziato in un'opera teatrale intitolata "La tragedia dell'uomo", scritta dal drammaturgo ungherese Imre Madach e analizzata dall'antropologo Geza Roheim. Lucifero, il personaggio centrale dell'opera, è chiamato "lo spirito della negazione". Nell'opera, Lucifero invita Adamo a volare nello spazio (cioè a dissociarsi dalla realtà) per sfuggire alla feccia della vita terrena: "Il *dolore cesserà quando ci arrenderemo e l'ultimo legame che ci lega alla Madre Terra scomparirà*".

Questa capacità umana di sfuggire al terrore e all'intenso dolore emotivo o fisico attraverso la negazione e la dissociazione può essere stata sfruttata dalla Massoneria per ottenere esperienze mistiche. Interferendo con il processo cerebrale attraverso un trauma fisico o psichico (shock, terrore, ipnosi), la mente può subire un'interruzione della nozione di tempo e sperimentare una sensazione di atemporalità (...)

Il mito di Iside e Osiride, utilizzato nel Rito Scozzese, può essere anche un'illustrazione metaforica del processo traumatico. Mackey scrive che "*Osiride fu ucciso da un tifone e il suo corpo fu fatto a pezzi, i suoi resti mutilati furono gettati nel Nilo e dispersi ai quattro venti. Sua moglie Iside, in lutto per la morte e la mutilazione del marito, cercò le parti del corpo per diversi giorni e, dopo averle trovate, riunì i pezzi per dargli una degna sepoltura. Osiride,*

così ristabilito, divenne una delle principali divinità egizie, e il suo culto si unì a quello di Iside per formare una divinità feconda per la fecondazione della natura" (...) Se interpretiamo i personaggi Iside e Osiride in termini di strutture cerebrali, Iside rappresenta il cervello destro, gli attributi intuitivi, e Osiride il cervello sinistro, gli attributi logici e linguistici.

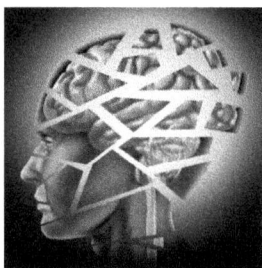

I danni causati da un trauma possono portare a problemi di registrazione della memoria nell'emisfero sinistro e possono quindi influire sulla capacità dell'individuo di parlare degli eventi che ha vissuto, poiché il trasferimento di informazioni dal cervello destro è "mutilato" o frammentato. È quindi difficile per l'individuo ricostituire i frammenti di memoria, che sono come pezzi di un puzzle. Queste divinità egizie potrebbero essere interpretate come l'incarnazione di questo fenomeno di disturbi della memoria in una mente frammentata dopo un'esperienza traumatica.

Nella letteratura magica e religiosa dell'antico Egitto abbondano i riferimenti a mutilazioni o automutilazioni degli dèi mitologici. Le mutilazioni autoinflitte dagli dèi sono generalmente dovute a stress emotivi di vario tipo. Budge nota che in altri scenari relativi al tema della morte e della resurrezione nel mito osiriaco di Horus, figlio di Iside e Osiride, Horus ha il ruolo di restituire la vita in un abbraccio, un gesto che ricorda i "Cinque punti della compagnia massonica". "*Horus si avvicinò a Osiride, che era in stato di morte, e lo abbracciò. Con questo abbraccio gli trasferì il proprio KA (doppio), o parte del potere che vi risiedeva. L'abbraccio è infatti un atto con cui l'energia vitale viene trasferita dall'abbracciatore all'abbracciato*". Budge osserva che l'abbraccio può anche essere metaforicamente considerato come un ripristino delle informazioni nel centro linguistico del cervello sinistro ai fini della guarigione psichica dopo un trauma importante. Alan Watt, studiando il tema del frazionamento nel mito di Osiride e in altri miti antichi, sostiene che lo smembramento sacrificale di un essere divino è un processo volontario, di autosacrificio. Scrive: "*Ne consegue logicamente che dove c'è uno smembramento (decostruzione) all'inizio, c'è una ricostruzione alla fine* (N.d.T.: Ordo ab Chao o Dissolvi poi Coagula) *È il gioco cosmico che consiste nella scoperta di ciò che è nascosto e nel ricordo di ciò che è stato disperso*".

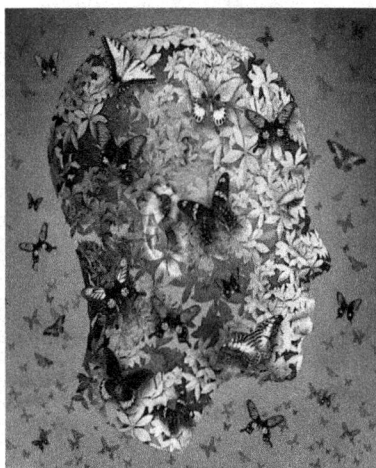

La conclusione di Watt si riferisce a una nozione di memoria nei processi spirituali e al ruolo della concentrazione nel ridurre i pensieri sparsi. Il massone Leadbeater suggerisce che l'iniziazione nella sua forma più pura implica una sorta di connessione con il divino e questo è ciò che rappresentano i diversi gradi massonici. Lo "strappo in frammenti" suggerisce che l'iniziazione richiede la comprensione dell'uso delle scosse per produrre un certo stato di coscienza che, se prodotto correttamente, può creare la sensazione di essere "uno con l'universo". Tale stato di coscienza è oggi considerato in campo medico un esempio di stato di dissociazione. Casavis, in un'analisi delle origini greche della Massoneria, nota il ruolo della frammentazione nei Misteri Osiriani. Egli osserva che la pianta sacra di questo culto misterico era l'Erica, dalla parola greca "eriko" che significa "fare a *pezzi*".

Il massone Albert Mackey riferisce che il simbolo egizio più rilevante per la Massoneria è quello dell'"occhio onniveggente", misticamente interpretato come l'occhio di Dio, , ma anche come *simbolo della vigilanza divina e della cura dell'universo.* L'adozione del triangolo equilatero è un simbolo di divinità che si ritrova in diverse culture. Scrive Mackey: "*Presso gli Egizi, la lepre era il geroglifico degli occhi aperti, perché si suppone che questo fragile animale non chiuda mai i suoi organi di visione; è sempre alla ricerca dei suoi nemici. La lepre è stata poi adottata dai sacerdoti come simbolo dell'illuminazione mentale o della luce mistica che si rivela ai neofiti quando contemplano la verità divina durante la loro iniziazione. Così, secondo Champollian, la lepre era anche il simbolo di Osiride, un dio principale, mostrando così lo stretto legame tra il processo di iniziazione nei loro riti sacri e la contemplazione della natura divina*".

Una delle conseguenze di un grave trauma è uno stato noto come "ipervigilanza". Si tratta di uno stato di attenzione costante e di paura estenuante, in cui la vittima, come il coniglio o la lepre, è costantemente alla ricerca del pericolo. Quando Osiride è risorto, possedeva l'"occhio onniveggente". Se la ricostruzione di Osiride rappresenta il recupero di ricordi traumatici, allora questa capacità di "vedere tutto" può essere tradotta come la capacità di affrontare la morte o il male. Queste nozioni di affrontare la morte, l'idea del viaggio e della rinascita nei testi massonici assumono quindi un certo significato con le teorie contemporanee sulla memoria e sul trauma. Da un punto di vista fisiologico, è interessante notare che i neuroni che sembrano essere maggiormente associati alla coscienza sono descritti come cellule piramidali.

Possiamo fare un parallelo con il simbolismo della scoperta di Isaac Newton della scomposizione della luce bianca nei diversi colori dell'arcobaleno attraverso un prisma di vetro triangolare. L'occhio nel triangolo massonico incarna la fisica di Newton nel senso che può essere una rappresentazione visiva della scissione, riferendosi alla dissociazione, all'illuminazione della coscienza (...)

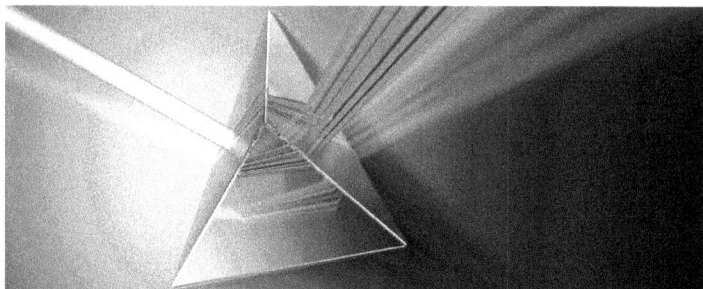

Qui diventa rilevante la filosofia illuminista sul legame tra terrore e sublime descritta da Edmund Burke. Tutte le cose che trasmettono terrore, dice, "*sono una fonte del Sublime, producono l'emozione più forte che la mente sia in grado di provare*". Forse questo riecheggia la ricerca neurologica. Il luogo in cui tutte queste funzioni sembrano coordinarsi è chiamato sistema limbico, che comprende il talamo, l'amigdala, l'ippocampo e altre strutture. Come dice Pierre-Marie Lledo: "*Come il limbo della mitologia cristiana, il sistema limbico è l'intermediario tra il cervello neo-mammifero del paradiso e il cervello rettiliano dell'inferno*". (...)

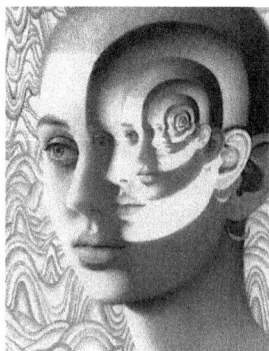

Sul grembiule massonico del 21° grado, il grado noachita o prussiano è un umano alato che tiene l'indice della mano destra sulle labbra e una chiave nella mano sinistra. Questa rappresentazione è nota come figura egizia del Silenzio (...) Nel sistema massonico, la Torre di Babele è un'immagine legata ai ricordi e all'oblio, legata alla confusione e alla perdita del linguaggio. Secondo i massoni: "*Passare davanti alla Torre ti fa dimenticare tutto quello che sai*" (...) La figura alata del Silenzio sul grembiule massonico del 21° grado può anche rappresentare

questo processo di dissociazione. L'incapacità di parlare dell'esperienza traumatica è rappresentata dall'indice destro tenuto davanti alla bocca, essendo la mano destra controllata dal cervello sinistro, il lato del cervello che influenza il linguaggio. La mano sinistra (che simboleggia l'accesso al lato destro del cervello dove sono conservati i ricordi traumatici dissociati) detiene la "chiave" di questi ricordi.

Le storie del Diluvio e della Torre di Babele possono essere interpretate come un'altra metafora del funzionamento del cervello durante il trauma. In gran parte della letteratura sul trauma, l'esperienza viene descritta come un "abbandono del corpo", un fenomeno legato al processo di dissociazione. Si prova un senso di pace quando la persona si disconnette psichicamente dal terrore, trovando una via di fuga naturale. La fuga dell'"anima" dal corpo in situazioni traumatiche è rappresentata dal rilascio della colomba dall'Arca di Noè e simboleggia, in termini fisiologici, l'effetto oppioide rilasciato nel cervello quando il terrore "inonda" il corpo fisico (...).(...) Dopo il diluvio (di terrore), l'arcobaleno (identità dissociata) diventa allora un simbolo di speranza, perché il diluvio di terrore è dimenticato e l'individuo può sopravvivere (...) Le vite degli individui diventano psicologicamente "divise" dopo aver vissuto un'esperienza che avrebbe potuto ucciderli. Nei testi cabalistici, l'arcobaleno è anche collegato alla Via del

Camaleonte, l'animale che cambia colore a seconda dell'ambiente. Questo è legato al fenomeno della personalità multipla, in cui l'individuo è in grado di adattarsi a situazioni diverse con personalità distinte (alterazioni o frammenti di personalità). Tutto questo simbolismo fa pensare che la storia dell'Arca di Noè e dell'Arca dell'Alleanza possa corrispondere anche a metafore di processi legati al cervello umano...

Appendice 3

Definizione di dissociazione indotta dal trauma

Estratto dalla tesi di laurea "*L'Abus Rituel : Le point de vue d'intervenantes en agression sexuelle*", presentata da Christine Jacques nel 2008 presso l'Università del Québec en Outaouais nel Dipartimento di Lavoro Sociale.

L'abuso rituale è ancora un argomento di cui si sa molto poco nei vari ambienti di intervento. La mancanza di consenso su come concettualizzare l'abuso rituale e le controversie che lo circondano ne ostacolano il riconoscimento. Questa ricerca qualitativa ha tre obiettivi: documentare e analizzare le informazioni sull'abuso rituale, far progredire la conoscenza e la comprensione di questo tipo di abuso dal punto di vista degli operatori che si occupano di violenza sessuale e che hanno assistito le donne che ne hanno fatto esperienza fin dalla prima infanzia, e contribuire all'avanzamento delle conoscenze sull'argomento nella comunità di intervento francofona. Sono state condotte interviste semi-strutturate con otto consulenti di violenza sessuale che lavorano in diversi servizi di violenza sessuale e che hanno ammesso di aver lavorato con almeno due sopravvissute a (...)

Si raccomanda inoltre di condurre ulteriori ricerche sull'abuso rituale, in particolare per quanto riguarda la programmazione, un metodo di controllo del pensiero, e la dissociazione nei sopravvissuti all'abuso rituale. Soprattutto, il sito deve sviluppare una maggiore conoscenza pratica dell'intervento in questo campo. Sono inoltre necessarie

ulteriori ricerche sui legami tra abuso rituale e sadismo sessuale e tra abuso rituale e reti di sfruttamento sessuale dei minori.

Dissociazione

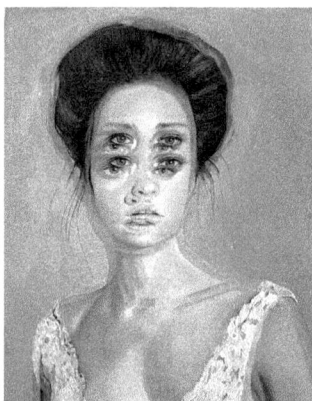

Tutti i partecipanti hanno parlato di dissociazione quando hanno discusso dei postumi. Va ricordato che alcuni di loro hanno riconosciuto che gli individui che commettono abusi rituali provocano la dissociazione nelle persone che abusano per ottenere un maggiore controllo su di loro. Tuttavia, la maggior parte dei partecipanti (6/8) ha visto la dissociazione soprattutto come un meccanismo di difesa normale ed essenziale che consente alle vittime di sopravvivere all'intensità dell'abuso e al trauma che ne consegue.

Kluft, Herman, Putnam e altri hanno fatto molto per definire la dissociazione e i criteri per la sua forma più estrema: il disturbo dissociativo dell'identità, precedentemente noto come disturbo di personalità multipla. Essi hanno identificato questo disturbo in particolare con la presenza di barriere amnesiche dissociative, che causano la frammentazione del "sé" e la presenza di diverse personalità distinte - o alter-identità - che sono state create per superare un trauma intollerabile, di solito un grave abuso infantile. (Beardsley, 2002, p. 111)

Va inoltre ricordato che, a differenza dell'approccio psichiatrico, i partecipanti non considerano la dissociazione un disturbo o una patologia mentale. Per questo motivo utilizzano il termine dissociazione o personalità multipla per trattare l'argomento piuttosto che disturbi dissociativi come presentati nei criteri diagnostici del Mini DSM-IV (1994) dell'American Psychiatric Association o nel Mini Manual of Diagnostic Criteria. Tuttavia, testimoniano le conseguenze di questo meccanismo di difesa nella vita attuale delle donne che lo hanno sviluppato. Inoltre, la metà di essi tratta il modo in cui la dissociazione viene utilizzata nell'abuso rituale.

La metà dei partecipanti ha fornito una breve spiegazione della dissociazione. Uno di loro ha detto che la dissociazione è uno degli impatti più importanti dell'abuso rituale e che i bambini che ne sono vittime imparano a dissociarsi. *"Il bambino si dissocia molto presto perché sta accadendo qualcosa di intollerabile. Le loro menti si separano e il bambino si dissocia per gestire e affrontare qualcosa che altrimenti sarebbe impossibile da gestire".*

La dissociazione può manifestarsi in misura diversa. Alcuni partecipanti (3/8) hanno parlato di una dissociazione che consiste nell'incapacità di rievocare ricordi personali, passati o recenti, mentre altri (5/8) hanno parlato più specificamente di quello che considerano un grado più estremo di dissociazione, vale a dire quello che chiamano "personalità multiple". Va notato che la dissociazione sotto forma di personalità multiple deriva solo da traumi subiti nella prima infanzia.

La dissociazione, che si manifesta come incapacità di rievocare i ricordi, fa sì che alcuni sopravvissuti ad abusi rituali abbiano pochissimi ricordi della loro infanzia. Uno dei partecipanti ha parlato di amnesia, affermando che i sopravvissuti possono aver bloccato alcuni ricordi relativi ai traumi subiti; i loro ricordi emergono generalmente durante i flashback. Un altro partecipante ha parlato dell'incapacità di alcuni sopravvissuti di ricordare i ricordi più recenti. La dissociazione significa che le sopravvissute possono talvolta perdere il contatto con il presente e avere la sensazione di rivivere momenti traumatici del passato. Le donne che si dissociano in questo modo possono rimanere in questo stato per alcune ore o addirittura per alcuni giorni. Durante questo periodo, queste donne non sono più pienamente consapevoli o in controllo di ciò che fanno e possono trovarsi in situazioni che non avrebbero necessariamente affrontato se non fossero state in uno stato dissociativo.

Più della metà dei partecipanti (5/8) ha affermato che i sopravvissuti agli abusi rituali con cui lavorano hanno spesso personalità multiple. Ecco come l'ha spiegato uno di loro:

"La dissociazione estrema, o più specificamente la formazione di ciò che è noto come personalità multiple, o ciò che altri chiamano disturbo dissociativo dell'identità, significa che il sopravvissuto ha diviso la sua mente in diverse parti e le ha separate l'una dall'altra in modo che possa, per esempio, sperimentare la tortura durante la notte e il giorno dopo essere completamente inconsapevole di ciò che ha passato... Il giorno dopo, sarà in grado di andare a scuola e di comportarsi in modo relativamente normale perché saranno state coinvolte due o più parti. Una di esse subentra al di fuori della coscienza della prima parte. I sopravvissuti possono quindi avere due o più identità diverse, separate nell'inconscio l'una dall'altra".

Per esempio, i sopravvissuti agli abusi rituali possono talvolta sembrare vivere una vita normale, andando a scuola o avendo un lavoro, ma in realtà possono affrontare la loro vita solo in funzione delle capacità dissociative che hanno sviluppato durante il trauma subito. È come se queste persone vivessero una doppia vita. Questo modo di gestire la vita quotidiana corrisponde a uno degli elementi del concetto di dissociazione secondo van der Hart, Nijenhuis e Steele (2006):

"Gli individui cronicamente traumatizzati si trovano in un terribile dilemma. Non hanno la capacità di un'adeguata integrazione e le competenze mentali per realizzare consapevolmente e pienamente le loro terrificanti esperienze. Devono andare avanti con la loro vita quotidiana, che a volte include anche le persone che hanno abusato di loro. L'opzione più rapida per loro è quella di accantonare mentalmente il passato e il presente doloroso e mantenere, per quanto possibile, una facciata di normalità".

Come questi autori, il partecipante che ha affermato che i sopravvissuti agli abusi rituali vivono come se avessero una doppia vita ha sottolineato che c'è uno stress creato dal comportarsi come se tutto fosse normale.

La forma più estrema di dissociazione, la personalità multipla, significa che l'identità di una persona è divisa o frammentata in due o più "parti". Si tratta di una stessa persona, ma la sua identità è costruita in modo diviso. Il termine "molteplicità" è comunemente usato per trattare questo argomento, così come il termine "parti" per riferirsi a queste diverse divisioni della personalità. Le diverse parti dell'identità sono distinte nel senso che presentano aspetti, caratteristiche o stati diversi della personalità. Ogni parte ha le sue modalità, cioè la conoscenza, il modo di essere, di agire, di pensare, di sentire, di percepirsi, di concepire l'ambiente e di situarsi nel tempo. Inoltre, le parti sono separate nell'inconscio e non sono necessariamente consapevoli l'una dell'altra. Di conseguenza, alcune parti non sono consapevoli dell'abuso subito, mentre altre ne conservano il ricordo.

Più della metà dei partecipanti (5/8) ha descritto alcuni modi in cui la dissociazione o la molteplicità si presentano nei sopravvissuti agli abusi rituali. La donna, o la parte "ospite", può semplicemente menzionare ciò che le dicono le voci interne, mentre altri testimoniano delle loro "parti interne". Possono anche dire che iniziano a perdere la cognizione del tempo o che l'hanno sempre persa. Il termine hostess viene usato per riferirsi alla dissociazione estrema e per identificare la donna o la parte che è presente agli incontri di intervento. Uno dei partecipanti ha spiegato che il termine "parti interne" usato per descrivere la dissociazione estrema si riferisce a persone con personalità multiple che hanno sviluppato il cosiddetto "sistema dissociativo", cioè un sistema di parti interne. L'uso del termine "sistema", spesso utilizzato per riferirsi alla molteplicità, equivale all'intera persona; tutte le parti interne della persona sono quindi prese in considerazione.

Descrivono anche le differenze che hanno osservato tra le parti delle sopravvissute agli abusi rituali che hanno sviluppato personalità multiple. "Nelle donne con personalità multiple si può notare come ogni parte sia diversa: alcune parti sono destre, altre sinistre. Alcune donne possono anche mostrare cambiamenti fisici quando alcune parti si presentano".

La metà dei partecipanti ha dichiarato che sono stati i bambini a rivolgersi a loro. Hanno detto che sono stati soprattutto i bambini a raccontare loro gli abusi subiti. Uno di loro ha detto che a volte era come se a parlare fosse un'altra persona: la voce di un bambino, un ragazzo o una ragazza. Un altro ha detto che le parti potevano anche usare nomi diversi quando si presentavano.

È importante sottolineare che tutti i consulenti intervistati hanno parlato della dissociazione ancora sperimentata dai sopravvissuti agli abusi rituali. La dissociazione è un impatto presente al momento dell'abuso e continua in età adulta. La metà di loro ha dichiarato di non aver mai incontrato un sopravvissuto all'abuso rituale per il quale la dissociazione non fosse un problema. Alcuni (3/8) hanno detto che ad alcuni dei sopravvissuti con cui hanno lavorato era già stato diagnosticato uno dei disturbi associati alla dissociazione prima di incontrarli.

Tuttavia, una delle partecipanti ha avvertito che, sebbene molti sopravvissuti ad abusi rituali abbiano sviluppato personalità multiple, è importante non generalizzare. Ad esempio, ha raccontato di aver accompagnato due sorelle che avevano subito abusi rituali e che solo una di loro aveva sviluppato una personalità multipla.

Nonostante tutti i partecipanti considerassero la dissociazione un normale meccanismo di difesa, più della metà di loro (5/8) ha riconosciuto che può diventare un ostacolo per i sopravvissuti. Per i sopravvissuti agli abusi rituali che dissociano o che hanno personalità multiple è talvolta difficile rimanere in contatto con il presente. Questa perdita di consapevolezza del momento presente è uno dei fattori della dissociazione che attualmente colpisce i sopravvissuti agli abusi rituali. Ecco come uno dei partecipanti spiega alcune delle difficoltà incontrate dai sopravvissuti agli abusi rituali con personalità multiple: "Alcune parti di loro stessi possono vivere nel passato. Questo può essere molto difficile da elaborare. Alcune donne non hanno memoria delle loro parti; anche questo è difficile da elaborare. Come può una donna connettersi quando perde la cognizione del tempo, quando non conosce una delle sue parti e quando quella parte non si fa vedere quando vi segue?".

Altri due partecipanti hanno spiegato che la dissociazione rende il processo di guarigione più complesso per alcuni sopravvissuti ad abusi rituali, in quanto dissociano o sperimentano continuamente flashback. Questo limita la loro capacità di prendere piena coscienza della loro realtà. Questi consulenti hanno parlato soprattutto dell'impotenza causata dalla dissociazione, in particolare nelle donne con personalità multiple. Un'altra ha affermato che la dissociazione rende le sopravvissute agli abusi rituali più vulnerabili e più a rischio di rivivere altre situazioni di abuso, perché non hanno il pieno controllo di se stesse. Una donna spiega quella che considera una delle particolarità della dissociazione derivante dall'abuso rituale. Secondo lei, l'abuso rituale "è sempre lì, non è mai nel passato, è sempre lì. Anche se gli abusanti non sono presenti, i ricordi sono così freschi e la dissociazione li fa riaffiorare come se fossero ancora lì". Quindi la dissociazione, che era necessaria per la sopravvivenza delle vittime di abusi rituali, può ora essere un ostacolo nella loro vita attuale.

Va ricordato che alcuni partecipanti (3/8) hanno affermato che gli abusanti conoscono e sfruttano le capacità dissociative delle vittime. La dissociazione rende le vittime più suggestionabili e questa vulnerabilità facilita il processo di programmazione. Essi ritengono che gli autori del reato verifichino le capacità dissociative delle vittime e che ciò consenta loro di determinare i modi migliori per provocare questo meccanismo al fine di controllarle in modo continuativo.

Appendice 4

Controllo mentale basato sul trauma

Estratto dalla tesi di laurea "*L'Abus Rituel : Le point de vue d'intervenantes en agression sexuelle*", presentata da Christine Jacques nel 2008 presso l'Università del Québec en Outaouais nel Dipartimento di Lavoro Sociale.

I metodi utilizzati per la programmazione

Come presentato nel quadro teorico, le tecniche di controllo del pensiero sono la pietra miliare dell'abuso rituale. Questa ricerca ci mostra che gli operatori intervistati usano principalmente il termine programmazione per parlare dell'argomento.

Secondo i risultati ottenuti, i metodi utilizzati per la programmazione sono i primi indizi di abuso rituale. Ciò è coerente con l'importanza attribuita al modo in cui l'abuso viene compiuto. Riteniamo che queste siano le caratteristiche principali dell'abuso rituale che lo distinguono da altre forme di abuso. In questo senso, riconosciamo che i metodi utilizzati per la programmazione sono gli elementi che scioccano, sorprendono e danno un aspetto bizzarro ai racconti dei sopravvissuti.

Va ricordato che i risultati relativi alla programmazione riguardano due elementi distinti: l'obiettivo della programmazione e i metodi utilizzati per raggiungerlo.

Secondo i risultati ottenuti, la programmazione mira a trasformare il senso di identità e di libertà delle vittime e a creare un sentimento di continuo terrore, al fine di ottenere un controllo assoluto e continuo sulla loro persona. Questi risultati confermano quelli relativi alle finalità dell'abuso rituale. Alla luce dei risultati ottenuti, possiamo affermare che i metodi utilizzati per programmare le vittime di abusi rituali sono tecniche di abuso accuratamente scelte dagli abusanti. Questi risultati sono coerenti con quelli relativi alla natura organizzata dell'abuso rituale e alle conseguenze che ne derivano.

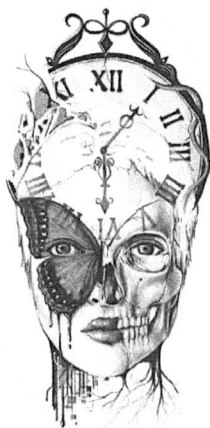

I partecipanti affermano che il terrore è alla base della programmazione. Tra l'altro, gli abusatori usano varie minacce per creare nelle vittime una sensazione di pericolo costante. I risultati mostrano che i bambini vittime di abusi rituali sono minacciati di morte se parlano degli abusi subiti. Inoltre, vengono minacciati di subire nuovamente abusi o di fare del male alle persone a loro vicine. In altre parole, le vittime di abusi rituali sono programmate per credere di essere in costante pericolo. Confrontando tutti i risultati ottenuti è possibile capire che questa sensazione di minaccia persistente deriva soprattutto dal terrore creato dall'abuso subito durante l'infanzia. Oltre alla programmazione, i traumi subiti e la dissociazione fanno sì che l'intensità del sentimento di terrore, condizionato durante l'infanzia, persista anche in età adulta. Come molti dei risultati mostrano, questa sensazione di pericolo continuo è programmata per mettere a tacere le vittime e nascondere la realtà delle attività criminali commesse nell'abuso rituale. In questo senso, è attraverso il silenzio che impongono che gli abusanti mantengono un potere assoluto e continuo sulle loro vittime.

I risultati relativi alla programmazione corrispondono alle informazioni presentate da Borelli (2006) a seguito della sua ricerca documentaria sul tema . L'autrice cita, tra gli altri, Oglevie (2003), che delinea i tre principi del controllo del pensiero: segretezza, potere e controllo. Secondo questo autore: *le persone che usano il controllo mentale sono ossessionate dal potere... Queste persone perpetuano e instillano il controllo*

mentale attraverso la paura e il panico nei loro soggetti (citato da Borelli, 2006, p.54). Inoltre, *quando gli abusanti usano il controllo mentale, il silenzio delle vittime è praticamente garantito.* (Ibidem, p. 55). Queste informazioni dimostrano il legame tra la programmazione e la natura segreta e clandestina dell'abuso rituale.

I risultati ottenuti nel corso di questa ricerca mostrano anche che la programmazione fa da sfondo a ogni forma di abuso. Siamo d'accordo con i partecipanti che affermano che ciò che caratterizza l'abuso rituale è che l'abuso è perpetrato sulla base di una programmazione. Di conseguenza, i risultati che descrivono il modo in cui vengono perpetrate le varie forme di abuso devono essere interpretati come i mezzi utilizzati per facilitare la programmazione. Secondo i risultati ottenuti, la programmazione è un metodo di abuso psicologico estremo creato da lunghe serie di condizionamenti. Ricordiamo i diversi metodi utilizzati per la programmazione presentati nel corso di questa ricerca:

- La provocazione di uno stato dissociativo

- Messaggi ripetuti

- L'uso di: simulazioni; messa in scena; rituali; simboli spirituali o religiosi; animali; scosse elettriche; droghe; privazioni.

Dissociazione indotta

Secondo alcuni dei risultati ottenuti nel corso di questa ricerca, gli abusatori rituali conoscono, usano e provocano deliberatamente la dissociazione nelle persone che abusano. Come ha detto un partecipante: "*Per sopravvivere a gravi abusi, i bambini si dissociano e gli abusatori rituali ne approfittano. Creano intenzionalmente la dissociazione per nascondere ciò che stanno facendo per un lungo periodo di tempo*".

Un secondo partecipante ha affermato che l'estrema dissociazione, o molteplicità, consente agli abusanti di programmare l'oblio o la negazione dell'abuso che commettono.

Va ricordato che la maggior parte dei partecipanti ritiene che la capacità di dissociazione delle giovani vittime sia un fattore importante per consentire agli autori di reato di ottenere il controllo sulle loro vittime. In questo senso, i risultati sull'uso della dissociazione per facilitare la programmazione sono coerenti con l'analisi di Gould e Cozolino (1992) sull'importanza dell'età delle vittime quando inizia l'abuso.

"I programmatori raccomandano che il controllo mentale inizi prima che il bambino raggiunga l'età di sei anni; la prima infanzia è favorevole agli stati dissociativi. Droghe, dolore, violenza sessuale, terrore e altre forme di violenza psicologica inducono i bambini a dissociarsi di fronte a esperienze traumatiche intollerabili. La parte del bambino che si è scissa per affrontare il trauma diventerà estremamente porosa alle suggestioni e alla programmazione durante l'abuso". (citato da Beardsley, 2002, p. 13)

Pertanto, i risultati relativi alla provocazione della dissociazione come metodo per facilitare la programmazione convalidano quelli che dimostrano l'importanza di questo impatto nei sopravvissuti agli abusi rituali.

Utilizzo di un sistema di credenze

Come abbiamo visto nel quadro teorico, la presenza di un sistema di credenze nell'abuso rituale è una delle prime caratteristiche che hanno permesso di riconoscere questo tipo di abuso. Infatti, è stata all'origine della prima concettualizzazione dell'abuso rituale come abuso satanico. L'analisi dei risultati mostra che la presenza di un sistema di credenze sull'abuso rituale è uno dei metodi utilizzati per la programmazione. In questo senso, la nostra analisi si differenzia dalle prime concettualizzazioni dell'abuso rituale. Va notato, tuttavia, che abbiamo riconosciuto diversi problemi relativi alla concettualizzazione dell'abuso rituale che derivano dai risultati legati all'uso di un sistema di credenze.

Confrontando i risultati relativi alla presenza di un sistema di credenze nell'abuso rituale con quelli che descrivono i metodi utilizzati per la programmazione, si arriva a riconoscere che questo è uno dei metodi utilizzati per programmare le vittime.

Come ha sottolineato una delle partecipanti, gli abusanti usano un sistema di credenze come strategia per nascondere la realtà dell'abuso che stanno commettendo. Ha detto che le credenze utilizzate negli abusi rituali sono essenzialmente usate per terrorizzare i bambini piccoli che sono le vittime. Questo è il caso, ha detto, dell'uso delle credenze sataniche.

Nella stessa ottica, anche alcuni commenti di altri partecipanti sollevano il legame tra l'uso di una credenza e la programmazione.

Potrebbero essere programmate credenze specifiche. So che per alcuni sopravvissuti viene utilizzato un credo religioso o spirituale, ma finora, per quella di cui sto parlando, non siamo mai stati in grado di identificare che stessero cercando di imporre un credo specifico, oltre a imporre il terrore, terrorizzandola davvero e rendendola impotente.

Va ricordato che più della metà dei partecipanti ha dichiarato che a volte era difficile associare un credo religioso o spirituale all'abuso. Alla luce dei risultati ottenuti, possiamo dire che i gruppi di individui che commettono abusi rituali utilizzano per lo più una credenza malvagia o una qualsiasi forma di ideologia che attribuisce loro un qualche tipo di potere.

Ricordiamo alcune delle credenze utilizzate negli abusi rituali citate nel corso di questa ricerca: satanismo, voodoo, santeria, credenze malefiche e credenze più mistiche associate a forze superiori o alla stregoneria. Due partecipanti hanno affermato che tutte le forme di ideologia e di credenza sono utilizzate come giustificazione o sfondo per gli abusi rituali. In questo senso, l'uso di un sistema di credenze permette essenzialmente di terrorizzare e dominare le vittime, il che è coerente con l'obiettivo della programmazione. Di conseguenza, il credo ha poca importanza: serve solo a consolidare il potere degli abusanti.

Come hanno testimoniato alcuni dei partecipanti, ci possono essere anche casi di abusi organizzati intorno all'ideologia della superiorità della razza bianca, come nel caso dei nazisti o del Klu-Klux-Klan, o semplicemente per imporre la convinzione che si è nati per servire e obbedire al proprio padre.

Va notato che solo tre partecipanti hanno menzionato il satanismo nel corso di questa ricerca. Tuttavia, due di loro ritenevano che il satanismo fosse solo una copertura per l'abuso. In effetti, una delle caratteristiche dell'abuso rituale è che gli abusanti usano una credenza per orchestrare il loro abuso. In questo senso, siamo d'accordo con il partecipante che ha affermato che le persone tendono a prestare troppa attenzione alla nozione di credenze e in particolare al satanismo quando parlano di abuso rituale. Tuttavia, ci sono pratiche e simboli satanici associati ad alcuni racconti di abusi rituali. I partecipanti sono stati in grado di mostrare come l'uso di credenze sataniche si manifesti talvolta nell'abuso rituale. Gli operatori sociali devono capire che gli elementi satanici sono spesso presenti nei racconti dei sopravvissuti agli abusi rituali, compresa la pratica di rituali e cerimonie sataniche.

Uno dei partecipanti sostiene che gli abusatori hanno giocato d'azzardo utilizzando il credo satanico nel contesto dell'abuso: l'attenzione viene distolta dagli atti criminali che commettono. Invece, le persone sono attratte dal misterioso fenomeno del satanismo, oppure sono perplesse e spaventate da ciò che rappresenta. Inoltre, la testimonianza dei sopravvissuti che presentano elementi associati al satanismo è spesso messa in discussione a causa della natura bizzarra e poco plausibile dei loro racconti.

Messaggi ripetuti

I risultati mostrano che una delle tecniche utilizzate per la programmazione è la ripetizione dei messaggi. In base ai risultati ottenuti, gli obiettivi di questo metodo sono tre:

- attribuire o impiantare un senso di identità negativo

- far sentire le vittime terrorizzate e minacciate

- garantire il silenzio che circonda l'abuso

- dettare il comportamento delle vittime.

La ripetizione di messaggi negativi mira quindi a trasformare il senso di identità e libertà delle vittime. Questi risultati corrispondono ai tre obiettivi della programmazione secondo Hassan (2000, citato da Borelli, 2006). Secondo questo autore, il controllo del pensiero mira a influenzare il modo in cui una persona pensa, reagisce e sente.

L'uso di simulazioni e di allestimenti

Questa ricerca mostra che la maggior parte degli operatori intervistati riconosce che le simulazioni e le messe in scena sono metodi utilizzati per orchestrare gli abusi rituali.

Secondo i partecipanti, le simulazioni e le scene inscenate consentono agli abusanti di manipolare le loro vittime. Come accennato in precedenza in questa discussione, i rituali, cioè gli scenari e le messe in scena, possono essere collegati a pratiche associate al sadismo. Questi metodi mirano essenzialmente a terrorizzare e confondere le vittime, facendo loro credere di avere un potere assoluto. Gli abusanti alterano la realtà cambiando il contesto in cui avviene l'abuso. Inoltre, come Sullivan (1989), riteniamo che gli abusanti utilizzino queste simulazioni e teatralizzazioni anche per proteggersi da ogni forma di possibile ritorsione: *l'elemento rituale (ad esempio l'adorazione del diavolo, il sacrificio animale o umano) è considerato da molti poco credibile, il che mina la credibilità della vittima e riduce le possibilità di ottenere giustizia per questi crimini.* (citato da Borelli, 2006, p. 27). Creare situazioni che spesso sembrano poco plausibili serve ancora una volta a nascondere le attività criminali che commettono. In relazione ai risultati relativi ai diversi sistemi di credenze utilizzati negli abusi rituali, è importante sottolineare che le simulazioni e le messe in scena non si limitano alle pratiche associate al satanismo. Ecco i risultati relativi:

- La messa in scena di rituali spirituali o religiosi

- L'uso di simboli spirituali o religiosi

- L'uso di paramenti cerimoniali, comprese le tonache nere con cappuccio

- L'uso di costumi e travestimenti

- Simulazione di una bara

- La simulazione di forze mistiche o soprannaturali

- Simulazione di omicidio

- Chirurgia simulata

Una delle partecipanti ha raccontato che una delle donne che accompagnava le aveva confidato di aver subito un'operazione come parte dell'abuso. Questa partecipante ha descritto questo tipo di abuso fisico come abuso medico. Questo risultato corrisponde a ciò che Sullivan, per la Task Force sugli abusi rituali della Contea di Los Angeles (1989/2005), chiama "*chirurgia magica*". La presenza di sangue sembra indicare alla vittima che ha subito un'operazione. Tuttavia, si tratta di un metodo utilizzato per la programmazione. Questa tecnica tende essenzialmente a mettere a tacere le vittime terrorizzandole e programmandole con l'idea che saranno in grado di scoprire se osano parlare dell'abuso. Gli abusanti faranno credere alle vittime di aver inserito qualcosa nel loro corpo: una bomba che esploderà se parleranno dell'abuso, o il diavolo, o il cuore di Satana, che le attaccherà se lo faranno.

Come ha dimostrato questa ricerca, vengono utilizzate diverse tecniche per alterare lo stato mentale e fisico delle vittime durante gli abusi. Ecco cosa ha detto in proposito uno dei partecipanti:

Il loro stato mentale è stato alterato con l'uso di droghe o facendoli entrare in uno stato di trance, oppure suonando musica ad altissimo volume, usando candele o erbe, abusando del bambino fino al punto in cui non ha più forze ed è completamente esausto. Poi usano costumi, luci e fumo per confondere ancora di più la persona. Vedo davvero una donna che viene uccisa? Non sanno più cosa sia reale. Tutto è stato alterato. Non sanno più cosa è vero nel mondo, perché a volte sperimentano o assistono a cose che non fanno parte della realtà. È il cambiamento del loro stato mentale che li porta a credere che ciò che sta accadendo sia reale.

Questi risultati dimostrano che vengono utilizzate diverse tecniche per creare confusione sulla realtà dell'abuso subito.

Come sottolineato da Rudikoff (1996), il riconoscimento dell'uso di simulazioni e messe in scena non dovrebbe in alcun modo minimizzare la natura dell'abuso subito dalle vittime di abusi rituali. Va ricordato che tali abusi sono commessi su bambini piccoli e che il trauma che ne deriva è lo stesso, che si tratti o meno di una messa in scena.

Va notato che una delle partecipanti ha presentato un'analisi più dettagliata delle ragioni per cui le vittime vengono abusate in giovane età e in modo continuativo. Secondo la sua analisi, i metodi di abuso utilizzati sono legati alle fasi dello sviluppo infantile. Tuttavia, ciò che dice a questo proposito sembra corroborare le informazioni condivise da altri partecipanti. L'autrice parla delle diverse fasi associate alla formazione dei bambini:

"L'enfasi prima dei cinque anni è quella di far sì che la bambina sia completamente destabilizzata, incapace di affrontare l'abuso e convinta che sia colpa sua. Allo stesso tempo, si cerca di renderla capace di dissociare, di "scambiare", di avere un'altra parte di sé che presenta in pubblico e che appare del tutto normale. Questa separazione avviene continuamente per manipolare la bambina affinché diventi ciò che la setta vuole che sia per soddisfare i propri bisogni".

Secondo questo partecipante, l'addestramento diventa più specifico dopo i cinque anni; si concentra maggiormente sull'abuso degli altri e sul ruolo particolare previsto dal gruppo.

Gli abusanti costringono i bambini ad abusare l'uno dell'altro; in questo modo, fanno credere loro di aver fatto del male. Il bambino viene specificamente addestrato a credere di essere responsabile di tutto ciò che accade intorno a lui, in modo da non rivelare mai nulla a nessuno. Un bambino è più in grado di capire se qualcun altro ha fatto qualcosa di sbagliato che di ammettere di aver fatto qualcosa di sbagliato. Questo partecipante dice che durante questo periodo la bambina deve mantenere la sua capacità di raggiungere uno stato di dissociazione per nascondere ciò che sta accadendo a casa o durante l'abuso di gruppo.

Quasi tutti i partecipanti (7/8) hanno affermato che costringere le vittime ad assistere o a partecipare a cose orribili, compresi gli abusi, è uno dei metodi utilizzati negli abusi rituali. Hanno descritto diversi esempi di ciò nelle testimonianze dei sopravvissuti agli abusi rituali. I sopravvissuti hanno raccontato di essere stati costretti a guardare altri bambini o altre donne mentre venivano abusati fisicamente e sessualmente. I sopravvissuti agli abusi rituali sono stati costretti ad assistere a cose orribili: l'uccisione di bambini o di persone che cercavano di resistere o di parlare dell'abuso, lo stupro, la tortura e la nascita di bambini che venivano usati dagli abusatori; questo a volte accadeva durante le cerimonie.

Appendice 5

Caso Karen Mulder

Hanno cercato di trasformarmi in una prostituta; era così facile, non ricordavo nulla, dimenticavo tutto... Ero un giocattolo che tutti volevano avere.

Nell'ottobre 2001, la famosa modella olandese Karen Mulder ha fatto rivelazioni scioccanti durante la registrazione di un programma televisivo. Ha denunciato il suo presunto sfruttamento sessuale da parte della sua famiglia, del suo entourage e di alcune personalità di alto profilo. Ha raccontato di essere stata violentata dal padre fin dall'età di due anni e di essersene resa conto pochi mesi prima, con i ricordi che riaffioravano in flashback. Ha anche rivelato di essere stata regolarmente violentata dai suoi datori di lavoro (una famosa agenzia di modelle), da persone a lei vicine e da membri del Gotha (famiglie reali). Ha detto di aver dimenticato gli abusi grazie all'ipnosi, o a ciò che pensava fosse ipnosi...

Poco dopo queste rivelazioni, durante la registrazione di un programma televisivo con Thierry Ardisson, ha rilasciato un'intervista alla rivista *VSD*, un servizio intitolato "*Le cri de détresse d'un grand top model*" ("*Il grido d'angoscia di una top model*"), pubblicato nel gennaio 2002 nel n. 1271 *di VSD*. La rivista rivelava che Karen Mulder era stata ricevuta dal capo della brigata di repressione del prossenetismo e che gli aveva raccontato delle cene organizzate tra giovani top model e *anziani facoltosi*. L'intervista fornisce una serie di indizi che suggeriscono che la donna sia stata sottoposta a un controllo mentale basato su traumi. Ecco alcuni estratti dell'intervista:

*Qualcuno della mia famiglia (fa un nome) ha abusato sessualmente di me quando avevo due anni. Era uno psicopatico. Mi ha messo sotto ipnosi. Da allora, chiunque abbia autorità e conosca il mio segreto può manipolarmi. **Finché non mi sono*** *liberata del terrore della mia infanzia, chiunque mi spaventasse poteva avere un ascendente su di me* (...) *Hanno cercato di trasformarmi in una prostituta: era così facile, non ricordavo nulla, dimenticavo tutto* (...) *Ero un giocattolo che tutti volevano avere. Tutti si approfittavano di me* (...) *Non avevo una volontà propria, così mi organizzavano la vita: tutto, tutto, tutto* (...) *Mi facevano cose ipnotiche* (...) *Sì, è una cosa enorme. C'è stata un'intera cospirazione intorno a me per molto tempo, coinvolgendo persone del governo e della polizia.*

Tutto nella mia vita è stato organizzato! Tutto, tutto, tutto! Non avevo volontà propria (...) *Durante i "Restos du Coeur", un'artista mi ha detto: "Qualcuno vicino a te ha abusato di te, stanno organizzando che tu venga violentata di nuovo e che tu non sappia nulla". Una famosa cantante mi ha detto: "Qualcuno vicino a te (ha fatto un nome) mi ha detto che sei stata violentata, puoi dimenticarlo?* **Guardami, lo dimenticherai! E si mise a ridere. E funzionò: lo dimenticai** (...) *Cominciai a soffrire davvero, e fu allora che ebbi i primi flash. Prima di tutto di una persona a me vicina che mi violentava. Mi sono detta: ecco, ho scoperto perché stavo così male* (...) *In effetti, tutte le persone della mia famiglia sono pedofili. È un circolo vizioso, e oggi lo sto spezzando!* (...) *Ero una risorsa. La mia immagine, la mia gentilezza, la mia bontà, servivano a chi voleva nascondere le cose. E ora abbiamo a che fare con persone molto, molto, molto cattive... Quelli che volevano parlare sono morti oggi* (...) *È stata una mia amica di New York a farmi violentare dal presidente di una grande azienda. Un giorno mi chiamò e mi disse: "Ti ricordi cosa ti hanno fatto quando eri molto piccola? Io risposi: "Oh sì, oh sì! - Ebbene, X verrà a trovarti, farà l'amore con te e otterrai il contratto più importante che ci sia". Io non volevo, ma ero come una bambola senza volontà* (...) *Voglio giustizia, tutto qui! La pedofilia è ancora un tabù. Sono le ragazze come quelle che vogliono fare le modelle. Quindi è facile per i delinquenti avere potere su di loro.*

Questa donna è sotto controllo mentale? È una *"modella presidenziale"* (una schiava sessuale programmata fin dall'infanzia, riservata alle alte sfere della società)? Ciò che descrive come vuoti di memoria dopo gli stupri, "*non riuscivo a ricordare nulla*", potrebbe corrispondere a **un grave disturbo dissociativo con pareti amnesiche.** Il fatto che abbia raccontato alla rivista *VSD* di essere stata violentata sotto ipnosi *fin dall'età di due anni*, che la sua famiglia *si associava solo a pedofili*, che *era un circolo vizioso che voleva spezzare* e che lo sfruttamento sessuale sembra essere continuato per tutta la vita, suggerisce fortemente che potrebbe aver subito il triste destino di una schiava sessuale controllata dalla mente, prigioniera di una rete che sfrutta il suo disturbo dissociativo. Durante la registrazione del programma televisivo, nel novembre 2001, ha citato anche diversi nomi legati all'industria dello spettacolo, dicendo che queste persone erano consapevoli o erano esse stesse stupratori o vittime. Ha fatto il nome di un'altra nota star francese, affermando che anche lei è stata sottoposta a questo tipo di trattamento.

folle! Et je sais que la vérité sortira. C'est fascinant ce que j'ai vu, personne ne le verra jamais dans sa vie. Les horreurs, les manipulations... Avant j'ai souvent été mal à l'aise, je culpabilisais. J'étais très très mal dans ma peau. Pour la première fois de ma vie, je suis vraiment fière de moi. Je suis un être humain, quelqu'un de bien.

Je n'ai rien sur la conscience et ceux qui ont quelque chose sur la conscience, ils vont payer.

J'étais un atout. Mon image, ma gentillesse, ma bonté, servaient à ceux qui voulaient cacher les choses... Ceux qui ont voulu parler sont morts aujourd'hui.

Pendant des années, vous avez fait un métier très dur. Des rumeurs assez terribles courent toujours sur le monde du mannequinat qui a été longtemps le vôtre.

K. M. J'ai même été porte-parole d'Elite, souvent. Je disais que les parents pouvaient tranquillement laisser leurs enfants dans ce milieu. Aujourd'hui, je voudrais rectifier! Ne faites jamais confiance à quiconque. Ceux qui vous sou-

AVEC ALBERT DE MONACO. Karen Mulder au bras du prince, en mai 2000 à l'occasion d'un dîner au profit d'une cause caritative. Résidente monégasque, Karen était de toutes les festivités de la Principauté.

"**J'étais un jouet** que tout le monde voulait avoir. Tous ont profité de moi"

Nonostante la denuncia e l'apertura di un'indagine giudiziaria, la sua famiglia l'ha rapidamente fatta internare in un ospedale psichiatrico poco dopo le sue rivelazioni... È stata dimessa solo tre mesi dopo. Era allora necessario aggiornare la programmazione mentale? Dopo una certa età, i muri amnesici tendono a dissolversi, ed è per questo che alcuni ricordi riaffiorano sotto forma di flashback.

La sua famiglia cercò di far passare l'*incidente* come un attacco paranoico delirante, ma nessuno riuscì a dimostrare che si trattava davvero di un caso di follia e che ciò che aveva detto era falso.

SOUS LES PROJECTEURS. Le 9 décembre 1996, Karen reçoit chez elle une équipe de télévision. Aujourd'hui, les micros ne se tendent plus vers elle.

Certains voudraient la faire passer pour folle. Mais la justice, saisie de l'affaire, enquête.

Le 31 octobre, Thierry Ardisson reçoit Karen Mulder à « Tout le monde en parle ». L'ex-top model, qui faisait partie de l'agence Elite, doit lui faire des révélations sulfureuses sur le monde des mannequins. Et quelles révélations ! Sur le plateau, elle cite le nom d'une haute personnalité monégasque qui l'a, dit-elle, violée. Elle affirme ensuite que des hommes politiques et des P-DG de grosses entreprises se font

Qualche tempo dopo il suo ricovero forzato, la top model ha rilasciato un'intervista a Benjamin Castaldi nel programma di M6 "*C'est leur destin*" nel settembre 2002. Un'intervista su in cui rimane il dubbio che abbia davvero cercato di rivelare la sua condizione di schiava sotto controllo mentale, senza nemmeno sapere esattamente a cosa andava incontro. Ecco alcuni estratti:

Benjamin Castaldi: *Se dovesse riassumere il suo destino in poche parole, cosa direbbe?*

Karen Mulder: *Da un lato è una favola, dall'altro è un film dell'orrore, un vero incubo. E quando tutto è tornato, c'è stata gente che ha cercato di impedirmi di parlare. Mi hanno messo in una clinica per impedirmi di parlare. Sono uscito con l'aiuto di un avvocato, ma è stata tutta una faccenda... È stato piuttosto complicato! (...) L'avvocato mi telefonò direttamente nella mia stanza. Mi disse: "Senta, lei non sembra affatto una pazza! Vengo a prenderla nelle prossime due ore". Ho fatto le valigie e sono partita (...) Una volta raggiunto il mio obiettivo di modella, tutto andava bene in superficie, ma nel profondo sentivo che qualcosa non andava. Così mi sono sottoposta a psicoanalisi per cinque anni, e mi sono tornate in mente alcune cose così gravi che in un certo senso stavo diventando paranoica (...) Ho provato a parlare, ma non volevano credermi. C'era una certa dose di paranoia, perché è vero che quando le cose sono così grandi, le cose sfuggono un po' di mano. C'è un po' di delirio. Ma più passa il tempo, più mi rendo conto che, in realtà, non è affatto così (...) Ha visto il film "True Romance"? In un certo senso è la mia vita. Tutto era organizzato. Tutto era manipolato. Ero una persona che non vedeva nulla...*

In seguito a un'intervista sulla vicenda di Didier Schuller, l'attrice e cantante Marie Laforêt ha dichiarato: "*Non so cosa sia successo a Karen Mulder, è la stessa storia, parlava delle stesse persone, solo che è stata completamente tagliata fuori... Così le hanno fatto un dischetto con cui timbrarla. Così sa che se mai dovesse dire qualcosa che non voleva dire in quel momento, avrebbe un destino ancora più miserabile di quello che ha in questo momento. Quindi è nel suo interesse tenere la testa bassa... Non c'è altro da dire... Ma ci ha provato! Ha fatto un tentativo e ne ha pagato il prezzo. L'abbiamo fatta divertire facendole fare un disco, un promo... Quindi tutti gli altri sono coinvolti? Potete rispondere da soli... Certo!*".

Il 16 gennaio 1998, Marie Laforêt ha testimoniato al telegiornale delle 8 su France 2 un'**amnesia traumatica**. All'età di 3 anni è stata violentata più volte da "un vicino di casa", un ricordo che è stato represso per anni prima di riaffiorare a quarant'anni:

*"**Ho rivissuto esattamente quello che era successo, il nome dell'uomo, il suo costume, il modo in cui faceva le cose, tutto? Mi è tornato in mente tutto nello stesso momento. Non riuscii a parlarne per tre giorni e tre notti di crisi di pianto... Non si può confondere con nient'altro, né con una premonizione, né**

con una storia di confusione mentale... Non è confusione mentale, al contrario, lei è eccessivamente preciso".

Appendice 6

Festen

Quando il cinema fa la sua parte per svelare dietro le quinte...

Nel 1998, il regista danese Thomas Vinterberg ha partecipato al Festival di Cannes con il film **Festen** (sottotitolato "*Festa di famiglia*"), che ha vinto il Premio della Giuria. Ecco la sinossi del film:

Helge festeggia il suo 60° compleanno. Per l'occasione, invita tutta la famiglia in una grande casa. Durante la cena, il figlio maggiore, Christian, viene invitato a dire qualche parola: vengono rivelate alcune verità difficili da ascoltare...

In questa produzione, Thomas Vinterberg affronta il "segreto di famiglia", in questo caso l'incesto paterno all'interno di una ricca famiglia dell'alta società. Christian, il fratello maggiore, è stato ripetutamente violentato dal padre da bambino. Sua sorella Linda, anch'essa vittima, non è sopravvissuta al trauma dell'incesto... si è suicidata.

Thomas Vinterberg si è preoccupato di inserire nella sua sceneggiatura una serie di elementi che suggeriscono che egli stesso è consapevole del funzionamento nascosto di certi ambienti elitari.

Il primo punto importante da notare è che il personaggio di Helge, il padre incestuoso, è un massone iniziato. Una scena mostra i *fratelli* che si incontrano in una stanza separata prima della festa di compleanno. Helge si offre di introdurre il figlio Michael nella sua loggia massonica. Il secondo punto importante è il riferimento indiretto di Vinterberg al disturbo dissociativo dell'identità. Il sopravvissuto Christian viene presentato come un "amico immaginario", un compagno interiore che lo segue ovunque e che si chiama "*Snoot*". Questo potrebbe significare che la personalità del figlio si è sdoppiata per sopravvivere alle molteplici aggressioni sessuali del padre.

Lo scandalo scoppia quando Christian, o Snoot... prende la parola al banchetto: "*Si è rivelato molto più pericoloso quando papà faceva il bagno... Non so se vi ricordate, ma papà voleva sempre fare il bagno... Per farlo, portava prima me e Linda nel suo studio. Chiudeva la porta a chiave, tirava giù le tende, accendeva le luci per dare un aspetto piacevole e poi si toglieva la camicia e i pantaloni... e noi dovevamo fare lo stesso. Poi ci faceva sdraiare sulla panchina e ci violentava. Qualche mese fa, quando mia sorella è morta, mi sono resa conto che Helge era un uomo molto pulito, con tutti quei bagni che faceva. Ho pensato che sarebbe stato bello condividerlo con la mia famiglia... Succedeva d'inverno, d'estate, d'autunno, di primavera, di mattina, di sera... e ho pensato che avrebbero dovuto sapere questo di mio padre: Helge è un uomo pulito... e stasera siamo tutti qui per festeggiare il 60° compleanno di Helge! Che fortuna! Bevo all'uomo che ha ucciso mia sorella! Bevo all'assassino!".*

In seguito a queste scioccanti rivelazioni, la madre di Christian, preferendo sostenere il marito, prende la parola per diffamare e ridicolizzare il figlio davanti agli ospiti riuniti. È qui che veniamo a conoscenza dell'esistenza di "Snoot", l'alter ego di Christian:

"Lei è sempre stato un po' speciale... direi creativo come nessun altro! Sono incredibili le storie che raccontava da bambino. Ascoltandoti parlare ho pensato spesso che avevi tutte le carte in regola per diventare uno scrittore di talento, te lo assicuro Christian. Quando Christian era piccolo, e alcuni qui forse non lo sanno, **aveva un compagno fedele che non lo abbandonava mai. Era Snoot.** *Ma Snoot non esisteva! Eppure Snoot e Christian erano sempre insieme e sempre d'accordo su tutto! Se c'era qualcosa che non piaceva a Snoot, non piaceva nemmeno*

a Christian. E se quel qualcosa eri tu, peggio per te! Non c'era niente da fare. Ma, caro Christian, è molto importante saper distinguere tra finzione e realtà. Credo che questo sia sempre stato un problema per te. Capisco che a volte ti arrabbi con papà, ma sono cose che dovete risolvere tra di voi. Raccontare storie come quella di stasera, per quanto accattivanti, forse è un po' troppo... **Sai, Christian, credo che oggi Snoot ti sia stato molto vicino e penso che tu abbia fatto arrabbiare tuo padre. Quindi credo che sarebbe opportuno che tu ti alzassi ora, lasciando Snoot al suo posto, e che ti scusassi con tuo padre".**

L'alter ego Snoot, i cui ricordi traumatici sono intatti e precisi, continua a rivelare la sua disgrazia:

"Mi dispiace disturbarla ancora. Nel '74 sei entrata in ufficio senza bussare, mia cara mamma, e hai visto tuo figlio a quattro zampe e tuo marito con i pantaloni abbassati... Ti chiedo scusa! Mi dispiace che tu abbia visto tuo figlio in quello stato... Mi dispiace anche che tuo marito ti abbia mandato a quel paese e che tu te ne sia andata senza esitare. Mi dispiace che tu sia un'ipocrita e una falsa, spero che tu muoia!".

Thomas Vinterberg, che evidentemente ha una buona padronanza dell'argomento, ha inserito nella sua sceneggiatura l'aspetto dello "scaricabarile", con l'obiettivo di distruggere la parola della vittima. Innanzitutto, la madre cerca di coprire il marito indicando il comportamento disordinato del figlio per minare la sua credibilità. C'è poi una scena in cui il padre ricorda ferocemente a Christian la sua vita caotica, dipingendo il ritratto psicologico di una vittima multitraumatizzata fin dall'infanzia:

"Potrei alzarmi anch'io e dire loro qualche parola... qualche parola su di te! Di quando eri un bambino, un bambino malaticcio che non sopportava di vedere i bambini ridere ed essere felici! Che rovinava tutto per loro, di proposito! Che rubava i loro giocattoli e li bruciava davanti a loro, prendendoli in giro! Della mente malata e contorta che già avevi! Potrei raccontare loro di come mamma e papà dovettero andare in Francia per tirarti fuori da quella clinica dove stavi marcendo da mesi, letteralmente pieno di farmaci! Completamente stordito, con grande disperazione di tua madre! Potrei anche raccontare della tua mancanza di talento con le ragazze e di tutte le bellezze che ti sono passate davanti, perché l'uomo che è in te è sempre stato un cristiano infinitamente raro. Potrei anche raccontare loro alcune cose affascinanti su te e tua sorella... È che ti ha salutato Christian? L'ha fatto? No, niente... Hai abbandonato tua sorella malata, sei stato assente! Tutto ciò che contava eri tu e il tuo cervello contorto! E ora ti sei preso la responsabilità di trascinare nel fango un'intera famiglia che voleva solo farti stare bene!".

Infine, va notato che Helge, il padre massone incestuoso, sembra totalmente dissociato e amnesico rispetto agli atti pedocriminali denunciati dal figlio Christian. Dopo un pasto movimentato, i due uomini sono di nuovo soli in una scena più tranquilla:

"Non capisco più nulla, la mia memoria si sta indebolendo, sto andando avanti con gli anni. Quelle cose che hai menzionato prima, non le ricordo affatto, devi aiutarmi Christian... Dimmi cosa è successo...".

La sceneggiatura non ci dice se il padre finga di essere all'oscuro degli atti incestuosi o se sia lui stesso una vittima che soffre di amnesia dissociativa e riproduce il circolo vizioso sui suoi discendenti...

Dottor Jekyll e Mister Hyde?

Già pubblicato

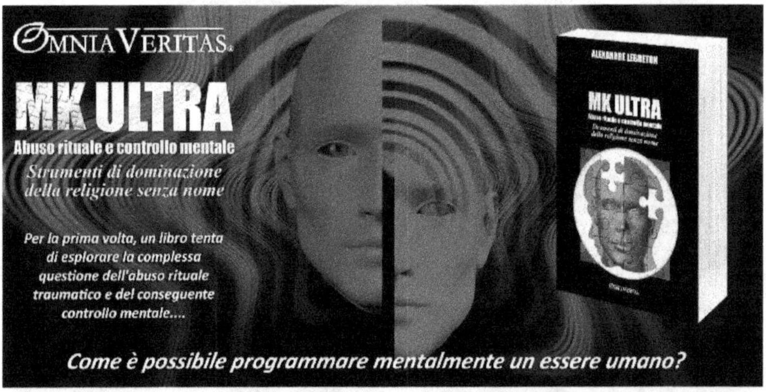

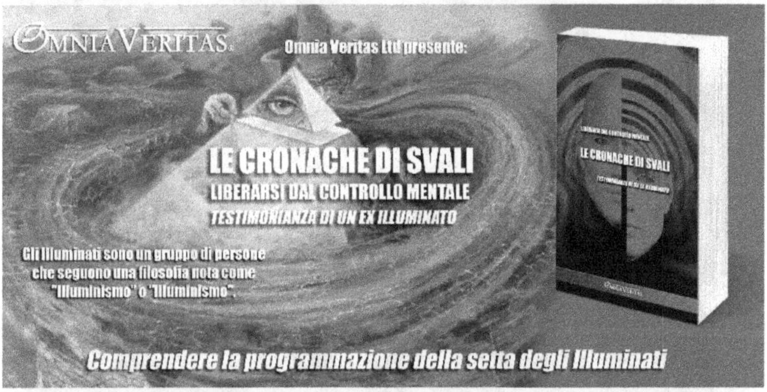

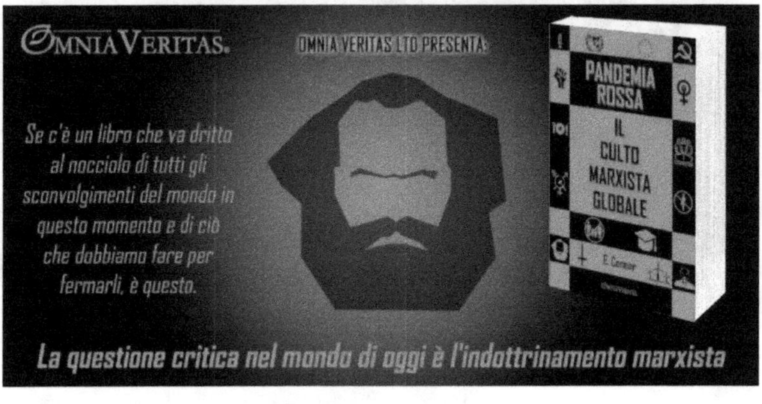

OMNIA VERITAS.

I PORTATORI DI LUCE DELLE TENEBRE

Questo libro è un tentativo di dimostrare, attraverso prove documentali, che le attuali condizioni del mondo sono sotto l'influenza di società mistiche e segrete attraverso le quali il Centro Invisibile cerca di dirigere e dominare le nazioni e il mondo.

OMNIA VERITAS.

OMNIA VERITAS LTD PRESENTA:

I Conquistatori del MONDO

I VERI CRIMINALI DI GUERRA

Per più di un secolo, con vari pretesti, si è scatenata una battaglia per il potere sulle nazioni...

La struttura della società moderna, con la sua sovrappopolazione, ha sviluppato come conseguenza l'idolatria del potere...

OMNIA VERITAS.

OMNIA VERITAS LTD PRESENTA:

LA TRACCIA DELL'EBREO NEI SECOLI

Uno dei segni più caratteristici e significativi dell'ostilità degli ebrei verso gli europei è l'odio per il cristianesimo...

Non sorprende quindi che la Chiesa abbia sempre più proibito le opere ebraiche...

www.ingramcontent.com/pod-product-compliance
Lightning Source LLC
Chambersburg PA
CBHW070902270326

41927CB00011B/2439